DIR, O DIANA,
WEIH' ICH MEINE LIEDER

CARL EMIL DIEZEL

Jagdgedichte

HERAUSGEGEBEN
VON SIGRID SCHWENK

Mit Abbildungen aus
Leopold Müller »Die hohe und niedere Jagd«
Wien 1838/39

BLV VERLAGSGESELLSCHAFT
München Bern Wien

CIP-Kurztitelaufnahme der Deutschen Bibliothek

Diezel, Carl Emil:
Jagdgedichte / Carl Emil Diezel. Hrsg.
von Sigrid Schwenk. – München, Bern, Wien:
BLV Verlagsgesellschaft, 1979.
ISBN 3-405-12183-3

ISBN 3-405-12183-3

Typographie, Satz, Reproduktion
Rudolf Rieger und Mitarbeiter, München

Druck- und Bindearbeiten
Ludwig Auer, Donauwörth

Printed in Germany

CARL EMIL DIEZEL

ist durch seine nun schon zweiunddreißigmal aufgelegte »Niederjagd« als jagdlicher Fachschriftsteller und hervorragender Sachkenner jedem Jäger ein Begriff. Ihn als Dichter, der seine jagdlichen Erlebnisse in einfühlsam-romantische oder spritzig-ironische Worte zu fassen vermochte, gilt es zu entdecken, genauso wie eine bisher unbeachtet gebliebene, höchst reizvolle Literaturgattung, die jagdliche Fachpoesie.

1.

Grabschrift auf Junker Hans

Ich, Junker Hans von sechzehn Ahnen,
Weiland der Tod der Hasen und Fasanen,
Harr' auf die Auferstehung hier.
Doch sollt' es – ach! – in jenem Leben
Nicht Hasen und Fasanen geben,
So laßt mich ruhn. Was wollt Ihr dort mit mir?

2.

Bittschrift der Hasen an Jupiter

O Jupiter! Du Schöpfer aller Tiere,
Großmächtigster Beschützer und Patron!
Damit des Elends Jammerton Dich rühre,
Nahn wir uns alle flehend Deinem Thron.
O Herr! Mit Gnade sieh auf uns hernieder,
Die wir mit heißen Tränen zu Dir flehn,
Zu schützen uns und unsre armen Brüder
Und mit den Mördern ins Gericht zu gehn.

Nicht länger mehr vermögen wir zu tragen
Der schrecklichsten Verfolgung schwere Last,
Die Herrn von A, B, C bis Tz jagen
Uns arme Lämmer sonder Ruh und Rast.
Erlaube, Herr, daß wir Dir kurz erzählen,
Wie sich ihr Geist mit ewig neuer Kraft
Die wunderlichsten Mittel, uns zu quälen,
Uns zu verfolgen und zu töten, schafft.

Kaum gönnen sie beim Silberlicht der Sterne
Uns, weil sie schlafen, eine kurze Ruh.
Und da sogar ertönt oft in der Ferne
Der wilde Schreckensruf: »Hetz zu, hetz zu!«
Da lauschen wir und zittern, und der Schrecken
Stört unser bißchen Freude, unsre Lust,
Da will kein Gras, kein Samen uns mehr schmecken,
Und ängstlich klopft das Herz in unsrer Brust.

Wenn wir des Morgens in der Dämmerstunde
Gesättigt und vergnügt zu Holze ziehn,
Da blitzt und kracht es öfters in die Runde
Rings um uns her. Wir fallen oder fliehn.
Oft flattern unbekannte Federschnüre
Am Wald herum und hemmen unsern Lauf.
Die spannen sie, daß uns die List verführe,
Zurückzugehn, mit kluger Bosheit auf.

Wenn wir im Feld ein Lager uns bereitet,
Wo uns die Sonne hold und warm bescheint,
Da kommt wohl einer langsam her und schreitet
Seitwärts vorüber, als ein guter Freund;
Doch dreht er bald vorsichtig sich im Kreise,
Bis sein Geschoß den Träumenden erreicht.
Es donnert, und die kurze Lebensreise
Schließt sich im Büchsensack, wo alles schweigt.

Oft sehen wir aus Tälern und auf Hügeln
Wohl eine große Schar von Mördern nahn;
Sie schrein und eilen, wie mit langen Flügeln,
Und unser Blut bezeichnet ihre Bahn.
Wir fliehen vorwärts. Überall Verderben!
Verzweiflung, ach, und Tod rings um uns her!
Kein Retter kommt. Wir müssen elend sterben.
O Herr der Götter! Unser Los ist schwer.

Oft sehn wir in der Ferne große Hunde
Mit ihren Führern durch die Felder gehn!
Sie stehen mit dem Satan selbst im Bunde!
Wir fliehn umsonst! Wer könnte da entgehn?
Sie rennen uns mit gier'gen Mörderblicken
Und ungeheuer langen Beinen nach.
Ach, und der Tag, an dem sie uns erblicken,
Ist ohne Rettung unser Todestag.

Oft, wenn wir zwischen reifen, dunklen Ähren
Der ungewohnten Sicherheit uns freun
Und ohne Todesfurcht zufrieden nähren,
Uns glücklich wähnen, ruhig und allein,
Da tritt ein Hund mit langen, braunen Ohren

Starr, wie ein Bild des Schreckens, vor uns hin:
Sein Herr erscheint, und – ach! – wir sind verloren,
Wir mögen angstvoll harren oder fliehn.

Im Winter, wenn auf mancher langen Reise
Durch Wald und Felder uns der Hunger droht,
Da lockt man uns heran mit süßer Speise,
Und beim Genuß erwartet uns der Tod.
Oft hängen wir in mörderischen Schlingen,
Wir schreien, bis der Odem uns vergeht,
Und ob wir langsam wandeln oder springen,
Es ist der Tod, der uns zur Seite steht.

Oft treiben uns gescheckte kleine Hunde
Sogar im dicksten Busch vom Lager auf,
Vergebens ändern wir in einer Stunde
Mit kluger Vorsicht zwanzigmal den Lauf
Durch Busch und Dorn, durch Wasser und Gehege,
Bergauf, bergab, dahin durch Wald und Flur!
Vergebens! Ach sie wissen unsre Wege
Und folgen, bis wir fallen, unsrer Spur.

Oft, wenn wir in Gesellschaft uns ergötzen
Im Samenfeld, bei hellem Mondenschein,
Wohl traulich kosend uns zusammen setzen,
Da hören wir von fern die Treiber schrein.
Bis auf den letzten will man uns verderben,
Vergebens fliehn wir schnell zurück zum Wald.
Wir hören, wie der Schuß, durch den wir sterben,
Dem Donner gleich, weit durch die Täler schallt.

So hart, so ohne Gnade und Erbarmen,
So grausam gehn die Menschen mit uns um.
O, Vater! Habe Mitleid mit uns Armen,
Wir nahn uns flehend Deinem Heiligtum.
Herr! Wenn nicht bald der Blitz in Deiner Rechten
Hell leuchtend unsern Mördern Rache droht,
So schießen sie von Deinen treuen Knechten
In kurzer Zeit auch noch den letzten tot.

3.

Das Schnepfen-Treiben

Geschrieben am Sonntag Oculi

Horch, welch frohes Geschrei
erschallt dort unten im Dorfe!
Ist doch heute kein Fest
und keine Kirchweihe hier!
Was bedeutet die Schar
von muntern lustigen Buben,
Die bei der Linde stehn,
schreiend und klappernd zugleich?
Ist doch Petri vorbei,
die Jagd schon lange geschlossen;
Jagt man in diesem Revier
auch in der Hegezeit noch?
Doch es öffnet sich jetzt
die Türe des freundlichen Gasthofs,
Wo der Jäger so gern
hinter dem Gläschen verweilt,
Und die plaudernden Schützen erscheinen,
begleitet von Hunden.
Lauter und lärmender noch
tönt nun der Buben Geschrei.
Jetzt besinn' ich mich erst
auf die später erwarteten Schnepfen.
Regen und warme Luft
lockten sie früher als sonst

Aus der Ferne hierher
in diese so liebliche Gegend,
Die an zartem Gewürm
reichliche Nahrung gewährt.
Schnell erwacht in meiner Brust
die schlummernde Sehnsucht
Nach der so oft und so gern
früher genossenen Lust.
Stärkeren Schrittes geh' ich hinzu
und grüße die Jäger.
Und sie erwidern den Gruß freundlich
und fragen zugleich,
Ob meine Zeit nicht erlaube,
sie auf die Jagd zu begleiten
Und an den Schnepfen mein Heil
auch zu versuchen wie sie.
Lachend sagen sie das
und messen mit schelmischen Blicken
Mein klein Reisegewehr,
leicht auf der Schulter und kurz,
Das ich anstatt des Stocks
auf meinen Wandrungen trage,
Nicht zu den Freuden der Jagd,
doch zur Verteidigung gut.
Gern verzeih' ich den Spöttern
ihr schadenfrohes Gelächter;
Alle freun sich darauf,
bald einen Pfuscher zu sehn.
Ich bestärke sie noch
in ihrer frohen Vermutung,
Klagend, es sei mir so schwer,
ruhig im Feuer zu sein.
Jeder macht seinen Witz,
und unter muntern Gesprächen
Von Jagd, Hunden, Gewehr
kommen wir endlich zum Wald.

Fröhlich tanzen die Buben
den trockenen Rasen hinunter,
Jegliches Jägerherz hüpft hoch
vor Erwartung und Lust.
»Stellt nur«, so hör' ich sie flüstern,
»den fremden lateinischen Schützen
Recht auf die Seite hinaus,
daß er uns keine verpfuscht.«
»Nein«, sagt der andre, »man muß ihn vielmehr
in die Mitte postieren.
Alle lachen wir dann,
wenn er recht albern sich stellt.«
Fast unterliegt mein gekränkter Stolz
der schweren Versuchung,
Doch ich fasse mich noch,
da schon das Treiben beginnt.
Horch! Schon ruft man von weitem Tiro,
schon streicht eine Schnepfe
Dicht an den Spöttern vorbei,
aber sie fehlen sie rein.
Bald darauf wieder eine
und so die dritte und vierte.
Alle befinden sich wohl;
denn — ach! — das Pulver ist krumm.
Nur mir allein kommt keine zum Schuß.
Schon fehlten sie alle,
Ich bin der einzige noch,
den seine Hoffnung betrog.
Endlich kommt wieder eine
vom untersten Ende des Busches
Seitwärts den Schützen herauf.
Fünfmal wird sie gefehlt.
Wie sie zuletzt an mir auch vorbeifliegt,
krümmt sich der Finger.
Es ist mein Probschuß,
doch — stürzet sie tot aus der Luft.

»Bravo!«, rufen die Spötter nun alle,
»vortrefflich geschossen!«
Doch denkt jeder für sich:
»Das hat der Zufall getan.«
Schon sind die Treiber uns nah,
da flattert tief an der Erde
Noch eine Amsel heraus
und meine Flinte versagt.
Schmerzlich vermiß' ich den linken Lauf
meiner Inniggeliebten,
Wenig zu schießen gewohnt
mit dem nur einfachen Rohr.
Doch besinn' ich mich bald
und ziehe kräftigen Druckes
Schnell den Hahn zurück.
Siehe, mein Wagschuß gelingt.
Als mit zerschmettertem Flügel
sie nun auf dem Rasen herumhüpft,
Sehn sie verwundert sich an
und wie vom Donner gerührt.
Keiner öffnet den Mund.
Es scheint, der lateinische Schütze
Hat sie auf einmal bekehrt.
Jetzt wird kein Witz mehr gemacht.
Während ich lade, versammeln sie sich
und flüstern zusammen.
Und nach gehaltenem Rat
nahet der eine sich mir,
Bringt mir ein Doppelgewehr,
in Frankreichs Hauptstadt verfertigt,
Wie eine Jungfrau geschmückt,
glänzend die Schlösser und neu.
Freundlich spricht er mich an:
»Die ganze Jägergesellschaft,
Die Sie versammelt hier sehn,
wünschet und bittet gar sehr,

Daß Sie Ihr einfaches Rohr
mit diesem Zwilling vertauschen.
Für einen Meister schickt
— wahrlich! — das Flintchen sich nicht.
Auch erlauben Sie mir,
hier neben Ihnen zu bleiben,
Einem Schützen wie Sie
lad' ich wohl gern das Gewehr.«
Angenehm überrascht
durch die verbindliche Rede,
Weigr' ich mich lang, es zu tun.
Doch er bestehet darauf.
Endlich nehm' ich versuchend
das schöne Gewehr in die Hände
Und schon wünsch' ich zu sehn,
wie es beim Schießen sich hält.
Während wir plaudern, beginnt schon
das zweite glückliche Treiben,
Schon wird die Flinte gespannt,
und nach dem Zündkraut gesehn.
Ringsum ertönet der Wald
von hellen donnernden Schüssen
Und des treibenden Volks
lärmendem, frohem Geschrei.
Sieh, da kommen zwei Schnepfen zugleich,
ein liebendes Pärchen.
Franzmann, halte Dich gut,
zeige jetzt, was Du vermagst,
Wenn ein deutscher Jäger
Dich führt mit nervigen Armen
Und mit ruhiger Kraft
fest an die Wange Dich drückt.
Schon sind die Schnepfen mir nah.
Es knallt, die vordere flattert
Sterbend herab in den Busch.
Eh' sie den Boden erreicht,

Folgt schon die andre ihr nach.
Vom linken Laufe zerschmettert
Stürzt sie, im Feuer schon tot,
schlaff, wie ein Handschuh, herab.
»Bravo!«, rufen die Nachbarn auch jetzt,
»vortrefflich geschossen!«
Aber kein einziger denkt:
»Das hat der Zufall getan.«
Alle schämen sie sich,
daß sie den stattlichen Schützen,
Der so wacker sich hält,
neckend zum besten gehabt.
Manche Schnepfe noch hätte
vielleicht mein Zwilling gerädert,
Doch der Himmel ist trüb,
und so die Freude gestört.
Immer stärker regnet es jetzt.
Wir stecken die Flinten
Tief in den Büchsensack,
denn es ist nichts mehr zu tun.
Starken Schrittes gehn wir
zurück in den freundlichen Gasthof,
Wo der goldene Saft
köstlicher Trauben uns winkt.
Alle sind wir heiter und froh.
Bei muntern Gesprächen
Wird auf Dianens Wohl
nunmehr manch Gläschen geleert.
Und wie sich endlich der Himmel erheitert,
begleiten mich alle
Noch ein weites Stück,
bis an die Grenze hinaus.

4.

An Diana

Dir, holde Göttin, weih' ich meine Lieder,
Dir tönt mein Saitenspiel im dunklen Hain,
Zu Deinem Tempel kehr' ich immer wieder,
Dein treuster Priester will ich ewig sein!

Kaum hebt sich glänzend aus den Purpurwogen
Das Licht der Welt am Horizont empor,
Da greif' ich freudig schon nach Pfeil und Bogen
Und träume noch von Deinem Nymphenchor.

Hinaus ins Freie! Durch die dunklen Buchen
Hinaus, hinaus! Dort lacht mir die Natur.
Dort will ich Freude mir und Hoffnung suchen:
Der Sklave sehnt sich nach der freien Flur.

Soll ich verschmachten in dem engen Winkel,
Wo nie die Blütenregen mich umwehn?
Wo kalte Weisheit, Tand und Eigendünkel
In Reih und Glied auf Bücherbrettern stehn?

Nein, nicht zur Sklaverei ward ich geboren!
In Deinem Tempel blüht ein schönres Glück!
Lebt wohl auf immer, Ihr gelehrten Toren,
Ich kehre nie in Euren Kreis zurück.

Lebt wohl, Ihr schön bepinselten Sirenen,
Ich habe keine Lieder mehr für Euch!
Vergebens rollen Eure schönen Tränen,
Mich macht die goldne Freiheit froh und reich.

Dir, o Diana, weih' ich meine Lieder,
Dir tönt mein Saitenspiel im stillen Hain.
Und leg' ich einst die goldne Leier nieder,
Dann wird mein letzter Hauch Dein Name sein.

Das Schießen der Kiebitze

5.

Jägerlied

Nach der Melodie
des Marsches in Wallensteins Lager
von Schiller

Frisch auf Kameraden, die Rüde bellt,
Der Morgen beginnt schon zu grauen!
Am Kieferndickicht wird angestellt,
Dort wechseln die stattlichen Sauen.
Dort donnert das stolze Feuerrohr,
Und wirbelnd steiget der Rauch empor.

Schon rieselt der helle, köstliche Schweiß
Aus des Keilers harziger Seite!
Dem besten Schützen gebührt der Preis,
Die Gefährten teilen die Freude.
Er trieb dem Keiler das Blei ins Herz,
Bald sinkt er nieder im Todesschmerz.

Und seitwärts stürmet die Bache heraus,
Von ihren Kindern umgeben.
Der kühne Waldmann treibt sie heraus,
Sie kämpft für der Kinder Leben.
Doch bald hat des Jägers sichre Hand
Auch sie durch des Rohres Zauber gebannt.

Schon eilet der Frischlinge kleines Heer
Zerstreut durch die buschige Heide.
Wohl sausen die Kugeln um sie her,
Und die Doggen fassen die Beute.
Der Büchsen Donner, der Hunde Geheul
Ist dem Weidmann um keine Krone feil!

Schon tönen die Hörner, der Wagen rollt,
Die köstliche Ladung zu fassen!
Nein! Nicht um der Könige schweres Gold
Möcht' ich, o Diana, Dich lassen!
Wohl dem, der die Kugeln regieren kann,
Er geht auf Erden, ein stolzer Mann!

Frisch auf Kameraden, der Abend sinkt,
Laßt zur freundlichen Heimat uns ziehen!
Seht Ihr, wie lieblich der Becher winkt?
Wie die goldnen Tropfen uns glühen?
Frisch auf! Es töne beim Becherklang
Auf Dianens Wohl unser Rundgesang.

Das Abschießen der Rebühner auf den Ruf

6.

An Herrn Wildmeister Euler in Zelle*

Freund!

Es leben unsre deutschen Jagden,
Wo wir oft bei Scherz, Gesang und Wein
Uns zusammen weidlich lustig machten!
In Kalkutta mag es anders sein!
Dort verfolgt man arme Stachelschweine,
Ziegen, Katzen und dergleichen Zeug!
Große Taten! Wahrlich, eine feine
Jägerei! Ein kühner großer Streich,
Wenn das kleine Tier in seinem Blute
Wie ein angeschossener Igel schwimmt
Und ein Simsons-Fuchs die stumpfe Rute
Sterbend zu des Siegers Füßen krümmt!
Nein! Gewiß! Ihr Jäger in Bengalen,
Eure Freuden reizen mich nicht sehr.
Könnt' ich auch den teuren Spaß bezahlen,
Mit Euch jagen möcht' ich nimmermehr.
Rühmt Euch nicht mit Euren Hühnern, Wachteln,
Enten, Tauben! Gibt es hier nicht auch
Wild genug? Und herrscht der üble Brauch
Wohl bei uns, ein Dutzend alter Schachteln
Mit hinauszuschleppen in den Wald,
Wo für Männer nur das Hifthorn hallt?
Weiber, Mädchen, Witwen, alte Tanten,

Welk und gelb und häßlich wie die Nacht,
Hängen, krumm gebückt, auf Elefanten
Und beschimpfen Eure ganze Jagd!
Unsre Weiber bleiben hübsch zu Hause,
In der Küche jagen sie sich satt,
Die am Abend dann beim frohen Schmause
Ihre Taten aufzuweisen hat.
Lieder tönen, Rheinweingläser klingen,
Habt Ihr in Kalkutta solchen Wein?
Könnt Ihr unsres Louis** Lieder singen
Und, wie wir, vergnügt und fröhlich sein?
Nein! Ich lobe mir die deutsche Weise,
Lobe mir mein deutsches Vaterland!
Und vollend' ich einst die Lebensreise,
Zittert welk und kraftlos diese Hand,
Auf dem Totenbette ruf' ich noch:
Jeder deutsche Jäger lebe hoch!

* Dem Jägerpublikum aus dem beliebten Wildungischen Taschenbuch bekannt, worin seine merkwürdige Wolfsjagd umständlich erzählt wird.

** von Wildungen.

7.

Der Pirschgang

Ein Gedicht

Wenn sich die Glut des Sommers
allmählich verlieret, der Abend
Heiter und still, doch kühler
am westlichen Himmel heraufsteigt;
Wenn nur selten der Donner noch rollt,
die fröhlichen Lerchen
Nicht mehr mit lautem Gesang
in die blauen Lüfte sich schwingen;
Wenn nur noch hie und da
eine Breite rötlichen Weizens
Freundlich den Schnittern winkt
und bald die gewaltige Sense
Künstlich geführt mit stetem Zug
den Hafer dahinstreckt,
Ohne das friedliche Nest
des brütenden Huhns zu vernichten,
Das schon mit lockendem Ruf
die befiederten Jungen versammelt;
Wenn die Zeit des Segens beginnt,
der emsigen Hausfrau
Und dem harrenden Weidmann so lieb,
so herzlich willkommen,
Dann weckt mich schon um Mitternacht
aus freundlichen Träumen
(Wo ich in fremden Ländern
ein Heer von Bären und Wölfen,

Rings um mich her zu Boden gestreckt,
ein glücklicher Sieger,
Mit zufriedenem Blick
und stolzer Gebärde betrachte)
Schnell ein heftiger Schlag
an den klappernden Rahmen des Fensters.
Horch! Wer ruft schon so früh?
Wer stört meine nächtliche Ruhe?
Siehe, der eifrige Förster!
Ihn treibt das heiße Verlangen
Früher vom Lager auf,
als der Hahn den Morgen verkündet.
»Auf! Es ist Zeit!«, so ruft er mir zu
mit heiserer Stimme.
Tölpisch tapp' ich im Finstern umher
nach Schuh und Gamaschen,
Leichter find' ich den Büchsensack
und die donnernde Büchse
An dem gewohnten Platz,
den sie beständig behaupten.
Sorgsam wird das glänzende Schloß
mit dem Tuche verbunden,
Daß nicht der nasse Nebel
das köstliche Pulver befeuchte.
Leise schleich' ich heraus
und öffne leise die Türe,
Um nicht den ruhigen Schlaf
der Hausgenossen zu stören.
Und nun hinaus in den Wald,
noch immer schläfrig und murrend,
Daß mein Begleiter in törichter Eile
zu früh mich gerufen.
Lange wandeln wir so
im Dunkel der Nacht miteinander,
Bis in der einsamen Mühle
der Hahn mit gellender Stimme

Uns verkündet, daß bald
der östliche Himmel sich röte.
Leise schleich' ich den Wiesgrund hinauf,
die Häher verwünschend,
Die mit lautem Geschrei
des Fremdlings Ankunft verkünden.
Hinter mir tappt mein alter Kumpan
mit der dampfenden Pfeife.
Schon sind wir oben am Berg
und ruhen, um Odem zu schöpfen.
Still! Ich höre Geräusch
am schilfbewachsenen Teiche.
Lauschend steh' ich! Der Odem stockt!
Mit klopfendem Herzen
Seh' ich am jungen Hauberg hinab
und seh' in der Ferne
Einen stattlichen Hirsch,
der mit dem Gehörn auf der Erde
Grimmig den Rasen zerreißt
und die jungen Pappeln verwüstet.
Leise schleich' ich am Walde hinab.
Die verfallene Mauer,
Wo einst Ludwig der Achte
des edlen Weidwerks pflegte,
Soll mich, ein sichrer Schirm,
den Augen des Hirsches verbergen.
Jetzt bin ich glücklich am Ziel.
In ein kleines Loch in der Mauer
Leg' ich bedächtig das Rohr,
und es knackt der niedliche Stecher.
Aber der Hirsch steht wegwärts,
die runden Keulen mir zeigend.
Und doch vermag das klopfende Herz
nicht länger zu harren.
Donnernd wälzt sich mit lautem Knall
das Echo des Schusses

Weit durch die Wälder herum
und verliert sich im westlichen Tale.

Kaum ist der Finger gekrümmt,
da hör' ich die Kugel schon zischen,

Und es sagt mir ihr kräftiger Schlag,
daß sie glücklich getroffen.

Langsam seh' ich den Hirsch
nach dem nächsten Dickicht sich wenden,

Oft bleibt er zögernd stehn
und krümmt die verwundete Seite.

Endlich kriecht er hinein
in die jungen, schützenden Kiefern.

Keuchend kommt mein Gefährte mir nach,
von Ferne schon rufend,

Es sei tödlich der Schuß gewesen. –
Er will mir verkünden,

Was ich selbst schon weiß. –
Mit aufgehobenem Finger

Leg' ich ihm Stillschweigen auf. –
Er kennt das warnende Zeichen.

Während ich lade, eilt er zurück
in die klappernde Mühle,

Wo er den Schweißhund zurückließ,
und freut sich schon wieder aufs Gläschen.

Lange harr' ich vergebens.
Schon will die Geduld mir vergehen,

Da erblick' ich ihn endlich
mit seinem eifrigen Waldmann.

Freudig springt er an mir herauf,
belebt von der Hoffnung

Einer glücklichen Jagd,
wie er so manche gehalten.

Selbst mit dem Riemen ihn haltend
führ' ich ihn auf die Fährte.

Und er fällt begierig auf
und zieht mich gewaltig.

Die Schweißhundjagd auf Hoch-, Schwarz- und Rehwild

Bis an das Dickicht führ' ich ihn selbst,
dann nimmt ihn der Alte,
Und ich stelle mich vor
an die andere Seite des Hügels.
Kaum bin ich dort, da wird er schon laut,
doch hoff' ich vergebens,
Denn es will der kranke Hirsch
im Wasser sich kühlen.
Dicht an dem Alten rennt er vorbei,
und Kugeln und Posten
Fliegen über ihn weg.
Es hat ihn keine getroffen.
Doch jetzt steht er am Teiche.
Bald folgt der eifrige Waldmann,
Und ich eile herbei,
die glückliche Jagd zu vollenden.
Aber noch wallet das Blut zu sehr,
noch darf ich nicht schießen,
Denn die Büchse wankt,
als ob ein Kind sie regierte.
Endlich wag' ich es doch,
an eine Buche mich lehnend,
Ziele stolz nach dem Kopf,
auf mein Gewehr mich verlassend.
Und mit durchbohrtem Gehirn
sinkt er im Wasser zusammen.

8.

An Herrn Oberforstmeister von Wildungen in Marburg

In Bezug auf seine Exequien im letzten Forstkalender

Wie? Du sprichst schon von der Ruhestätte,
Die Dich friedlich einst im dunklen Bette,
Wenn Du schlummern wirst, empfangen soll?
Bist Du schon so früh des Daseins müde?
Reizt Dich nicht des Waldes holde Blüte,
Nicht Dianens Zauber, nicht Apoll?

Schwerlich ruht sich's wohl im dunkeln Walde,
Wär' er noch so reizend, wenn der kalte
Hauch des Todes schauernd Dich umweht!
Schnell enteilt die kurze Spanne Leben.
Soll Dich der Gedanke stets umschweben,
Daß man einst mit Dir zu Grabe geht?

Und warum so früh schon Deine Lieben
Durch den schmerzlich-süßen Wunsch betrüben,
Daß Du einsam schlafen willst im Wald,
Wo im gräßlich-stillen Reich des Todes
Nimmer Dir beim Glanz des Morgenrotes
Süßer Blumenduft entgegenwallt?

Freundlich lacht Dir noch der Reiz des Lebens,
Und ich flehe, hoff' ich, nicht vergebens,

Göttin, Dich um den Geliebten an!
Laß ihn lange noch in unsrer Mitte,
Sanft umschwebe jeden seiner Schritte,
Liebevoll bezeichne seine Bahn.

Und wenn spät, am fernen Ziel der Reise,
Lächelnd ihn der Tod aus unserm Kreise
In das stille Land der Ruhe führt,
Dann erst laß an seinem Grab uns weinen,
Laß uns lange trauern mit den Seinen
Um den Freund, der Deinen Tempel ziert.

Die Suche mit dem Hühnerhund auf Sumpfschnepfen

9.

Abendgespräch

Siehst Du, Freund, im Schatten einer Tanne
Stach ich mir schon oft die Füße wund.
Oft stieg dort der Rauch von meiner Pfanne,
Manche Ente fing mein Hühnerhund.
Tief in Sumpf und Wasser mußt' ich baden
– Ach, die Schießlust ist ein scharfer Sporn! –,
Kalt umspült' das Wasser mir die Waden,
Und bespritzt ward oft mein Pulverhorn.
Schwer und unbehilflich wie ein Trappe
Trat ich dort im Sumpf auf manchen Dolch
(Nur von Holz, versteht sich). Meine Kappe
Ward durchnäßt, und mancher Wassermolch
Schreckte mich – doch horch! Die Jäger blasen,
Und die Dämmrung färbt den Himmel grau!
Uns erwarten zwei gebratne Hasen,
Alter Wein und eine hübsche Frau.
Wedelnd steht am Tor die große Dogge.
Siehst Du, wie die Hausfrau freundlich lacht?
Säuselnd spielt der Wind mit ihrer Locke,
Teller klappern, und das Feuer kracht.

10.

An Herrn Regierungsrat Bunsen in Arolsen

Der *** tanze schön nach Ihrer - Pfeife! -
Nein! Meine Muse trägt den Trauer - Flor
Was soll ich mit der unpoet'schen - Seife,
Die sich so wenig schickt zum Feuer - Rohr??
Wie kann ich glücklich hier den Zwang ver - meiden?
Ich weiß am besten, wo der Schuh mich - brennt! -
Nein! Lieber will ich fern in wüsten - Heiden,
Wo nie ein Hirsch an mir vorüber - rennt,
In einen dürren Binsenbusch mich - drücken,
Der halb in trübem Regenwasser - steht,
Als Lorbeern mir von einer Distel - pflücken,
Die, ewig rauh, in meiner Hand sich - dreht.
Doch möcht' ich wohl in Ihre Heimat - eilen,
Sie zeigen mir die schöngeschmückte - Wand,
Wir könnten einem Fuchs den Bau ver - keilen
Und schreiten frisch durch Ackerfeld und - Sand.
Fürwahr! Mit Bunsen eine Nacht durch - schwärmen
- Nicht seine Schale kenn' ich, nur den - Kern -,
Das würde freudig mir das Herz er - wärmen.
Und heller glänzte dann mein guter - Stern.

11.

Epistel an Herrn Regierungsrat B–sen in A–n

Ich reiche Dir aus weiter blauer Ferne
Mit warmer Herzlichkeit die Hand.
Zwar bin ich Dir noch unbekannt,
Und mancher Berg, und manches Land
Liegt zwischen uns, doch möcht' ich wahrlich gerne
Ein Freund des biedern Sängers sein,
Der bei Dianas holdem Zauberschein
So herzlich dichtet, so lieblich singt,
Daß es dem Weidmann zum Herzen dringt.
Du hast an ihren freundlichen Altären
Schon manches Opfer dargebracht,
Hast dieser holden Königin zu Ehren
Gewiß schon manche kalte Nacht
Im trüben Spätherbst oder Winter
Mit süßen Hoffnungen durchwacht,
Uneingedenk der Gattin und der Kinder,
Wie unser alter Flaccus sagt,
Vorausgesetzt, daß Deine Lebensweise
Mit freundlicher Gewalt im frohen Kreise
Von Weib und Kindern Dich gefesselt hält.
Denn machst Du frei und fessellos, wie ich,
Durch dick und dünn, durch Wald und Feld
Mit frohem Sinn die bunte Lebensreise:
So paßt der alte Weidspruch nicht auf Dich.
Noch blüht sie mir, der Freiheit holde Blume,

Noch bindet niemand meinen Arm.
Noch ist mein Herz von Lebensfreude warm.
Auch streb' ich nicht nach jenem Ruhme,
Den oft die späte Nachwelt erst erkennt.
Was kümmert mich der Stern am Firmament,
Den Hirschel oder Bode nennt?
Die Göttin nur, zu deren Heiligtume
Ein Hain voll majestät'scher Eichen führt,
Ist meine Göttin! Ihr gebührt
Der Dank für meine besten Freuden,
Von ihrem Tempel will ich nimmer scheiden.

Die Jagd mit dem Jagdhund auf Hasen

12.

An den Winter

Willkommen mir, geliebter Winter,
Du, den so mancher Fröstling schilt.
Ich seh' es gern, Dein ernstes Antlitz,
In weiße Locken eingehüllt.

Wie lacht so schön die weite Fläche,
Bedeckt mit silberfarb'gem Eis!
Wie freundlich dampfen dort die Quellen,
Wie glänzt der Fichtenwald so weiß!

Der Städter fürchtet Deine Stürme,
Er wünscht Dich fort in seinem Sinn!
Der Weidmann freut sich Deines Kommens
Und munter schreitet er dahin,

Nie schreckt der Sturm, nie treibt der kalte
Nordostwind ihn ins Haus zurück!
Er sucht im öden Forst den Marder,
Erspäht das Wild mit scharfem Blick,

Verfolgt den Otter im Gewässer,
Erlauscht den schlauen Fuchs am Bau
Und bohrt aus sichrem Rohr die Kugel
Tief in das Panzerherz der Sau.

Er sehnt sich immerdar ins Freie,
Verwünschend Müßiggang und Ruh,
Denn nur dem fleiß'gen Jäger lachet
Des Winters Beute freundlich zu.

Nicht fürchtet er den glatten Spiegel
Des Eises, nicht den tiefen Schnee!
Er wagt's! Diana hilft hinüber,
Sie schützt ihn, eine mächt'ge Fee.

Willkommen mir, geliebter Winter,
Du, den so gern der Städter schmäht!
Stets preis' ich Dich und Deine Freuden,
Bis Sing- und Jagdlust mir vergeht.

Das Kesseltreiben

13.

Die Freuden des Winters

Sei mir willkommen, o Winter,
in Deinem weißen Gewande!
Du meine glücklichste Zeit,
sei mir von Herzen gegrüßt!
Dein hab' ich lange geharrt!
Die trüben traurigen Tage,
Reich an Regen und Sturm,
ach, sie gefielen mir nicht.
Immer sitzen und immer
das schon Gelesene lesen,
Wärn es auch Wildungens Werke,
endlich ermüdet es doch;
Immer nur putzen und immer
die blanken Schlösser probieren,
Knackten sie noch so schnell,
endlich verliert es den Reiz.
Jetzt aber bildet schon nächtlicher Frost
am glänzenden Fenster
Bald eine Bärengestalt,
bald einen stattlichen Hirsch.
Wirbelnd steigt der Rauch
in langen dampfenden Säulen
Durch die heitere Luft
leise zum Himmel empor!

Auf denn, o Freund, mit dem Doppelgewehr
hinaus ans Gewässer,
Enten fischen im Bach,
wo ihn das Eis nicht bedeckt!
Aber schieße nur ja,
denn Du erkennst ja den Entrich
Leicht an dem schillernden Hals,
keines der Weibchen mir tot!
Diese betrauern, gleich Witwen,
nicht lang den verlorenen Gatten,
Und schon am folgenden Tag
ist seine Stelle besetzt.
Wasserschnepfen auch findest Du
dort an der dampfenden Quelle,
Aber wenige nur,
denn es vertrieb sie der Frost.
Zieh aber sorgsam zuvor
das grobe Schrot aus der Flinte,
Feineres lade hinein,
dann ist der Sieg Dir gewiß;
Denn wie behende sie auch
die flüchtigen Schwingen bewegen,
Glaube mir, dennoch ereilt
bald sie Dein schnelleres Blei.
Fern im Samenfeld sitzt
eine Schar schnatternder Gänse,
Niemand störet sie dort
in der behaglichen Ruh.
Angetan wie ein Weib,
mit graulichem Korb auf dem Rücken,
Schreit' ich über das Feld,
doch sie betrachten den Feind,
Der, an der Seite hinab
die kurze Büchse verbergend,
In der fremden Gestalt,
abwärts gewendet, sich naht,

Und erkennen ihn bald,
die Köpfe sorgsam erhebend,
Denn es enteilt mit Geschrei
plötzlich der listige Schwarm.
Zwar den Fliehenden folgt
mit pfeifendem Fluge die Kugel,
Aber vergebens, sie streift
nur an den Federn vorbei.
Oft versammeln sich auch
die Schützen beim Scheine des Mondes,
Stellen dann hier und dort
unter den Bäumen sich auf.
Andere wieder durchstreifen
die weiten, ebenen Felder,
Wo die schnatternde Schar,
Böses nicht ahnend, verweilt.
Bald von den Treibern geschreckt,
hebt sie sich laut in die Lüfte,
Suchend in dunkelnder Nacht
ihren gewöhnlichen Weg,
Wo sie der lauernde Jäger
mit grobem Hagel und Posten,
Diesmal besser verdeckt,
wider Erwarten begrüßt.
Und so viel ihrer sind,
doch scheint die Mühe verloren,
Denn es stürzet im Schuß
keine der Gänse herab.
»Donner und Doria!«, murmelt er nun,
»auch diesmal gepudelt?
Sind diese Bestien fest?
Ist mir ein Weidmann gesetzt?«
Doch indem er das sagt,
ertönt ein Fall in der Ferne,
Und die Hoffnung belebt
wieder aufs neue sein Herz.

Schnell schickt den alten Chasseur er
in die Gegend des Falles,
Horcht dann auf jeglichen Laut,
den er von weitem vernimmt,
Und als nun endlich der Hund
mit seiner Bürde zurückkehrt,
Bringt mit erhobenem Kopf er
eine stattliche Gans.
Lange wird sie geprüft,
von allen Seiten betrachtet,
Bis der Anschuß sich zeigt
an der verwundeten Brust.
In den Büchsensack schiebt er sie dann,
nicht ohne Beschwerde,
Und nun eilt er, erstarrt,
aber zufrieden, nach Haus.
Sei mir willkommen, o Winter,
in Deinem weißen Gewande,
Du, dem Weidmann so wert,
sei mir von Herzen gegrüßt.
Gerne späh' ich im neuen Schnee
die Fährten des Wildes,
Kreise den emsigen Fuchs,
wenn in dem Dickicht er steckt,
Und umstelle den Wald
mit Federlappen und Schützen,
Bis ein gelungener Schuß
glücklich den Räuber erlegt.
Hütten von Reisern und Stroh
erbau' ich hungrigen Hühnern
In den Gärten umher,
wo sie kein Stößer erhascht,
Und sie picken gar emsig
den köstlichen goldenen Weizen,
Den mit spendender Hand
ich auf die Erde gestreut.

Wenn nun der Boden erstarret im Frost
und die Kruste des Schnees
Lauter knistert und kracht,
sammelt sich munter die Schar
Lustiger Buben im Dorf,
und die mordbegierigen Schützen
Ziehen hinaus in den Wald,
wo nun das Treiben beginnt.
Schon erblick' ich – doch nein!
Wer könnte wohl würdig besingen,
Was einst Bunsen* so schön,
was er so herrlich besang?
Sei mir willkommen, o Winter,
mit Deinen glänzenden Auen
Und dem Spiegel von Eis,
sei mir von Herzen gegrüßt!
Finken hüpfen und Ammern umher!
Vom Hunger getrieben
Suchet das kleine Volk
dicht vor den Türen den Fraß;
Elstern und Krähen auch ziehen ins Dorf.
Die Leichen der Füchse
Locken die gierige Schar
bis zu den Gärten heran.
Mancher durchbohret mein Teschink die Brust;
sie flattert vom Baume
Sterbend herab und krächzt
nimmer ihr trauriges Lied.
Wohl aber gurret behaglich
in seinem Gefängnis der Uhu,
Wenn man den lockenden Fraß
dicht vor dem Gitter ihm zeigt.
Gierig den Vogel betrachtend
mit großen feurigen Augen
Reißet er durch den Spalt
hastig ihn zu sich hinein.

Doch nicht länger ertrag' ich's im Zimmer!
Der heitere Himmel
Lächelt so freundlich mich an!
Fröhlicher klopft mir das Herz!
Weg mit der Feder! Sie folgt
nur schleichend meinen Gedanken,
Ungleich rascher vollzieht
jeden Befehl mein – Gewehr.
Kehre Du freundlicher Winter,
so reich an frohen Genüssen,
Wenn es den Göttern gefällt,
kehre mir oft noch zurück.
Sei mir noch einmal gegrüßt,
Du freudenbringender Winter,
Und wenn's den Göttern gefällt,
kehre mir oft noch zurück.

*Siehe dessen schönes Gedicht: Die Treibjagd, in Wildungens Taschenbuch.

14.

Die beiden Hasen

Eine Fabel

Auf einem lockern Brachfeld saßen einst
Zwei Hasen, eine Mutter und ihr Sohn,
In stiller Eintracht froh beisammen.
Wohl hatten sie mit kluger Sorgsamkeit
Im weichen Feld ein Lager sich bereitet
Und ließen bei der Sonne holdem Schein
Sich's wohl sein schon seit frühem Morgen.
Doch plötzlich ruft die Alte: »Auf, mein Sohn!
Auf, laß uns fliehn! Ein Mörder naht sich uns!
Er bringt den Tod! Er kommt, uns zu verderben!«
So sprechend floh sie schnell dem Walde zu.
Wohl hatte sie den Jäger schon erblickt
Und auch in weiter Fern' ihn gleich erkannt.
Doch sorglos blieb der Sohn in seinem Lager,
Ihn schien der grüne Mann ja nicht zu sehn,
Und ging im weiten Kreis an ihm vorüber,
Als wollt' er nie das Plätzchen, wo er saß, betreten.
Doch als er endlich immer näher kam,
Da überfiel die Angst den armen Hasen.
Er folgte seiner Mutter. Doch zu spät!
Zu spät! Vom mörderischen Blei zerschmettert
Stürzt er zu Boden und bereut,
Vom Todesschmerz gefoltert, seine Torheit.

Wenn sorglos dir am Lebensweg ein Feind
Vorubergeht, dich nicht zu sehen scheint,
Sich nicht um dich und deinen Weg bekümmert,

Wohl gar vielleicht mit dir zu gehn sich freut,
Dann traue nicht der falschen Freundlichkeit,
Die trügerisch aus seinen Augen schimmert.
Stellt er sich noch so freundlich, noch so gut,
in seinem Innern kocht die wilde Glut
Der Rache noch und droht dich zu verderben.

Der Anstand am Dachsbau

15.

Die Morgenlausche

Wenn längst die Schwalben fortgezogen sind,
Kein Kiebitz mehr am Ried vorüber schwebt
Und schon der kalte Wind aus Norden weht,
Dann sucht der Weidmann sich die Lappen aus,
Mit denen er den Wald umzaubern will.
In finstrer Nacht beginnt er sein Geschäft,
Umzogen wird der Wald mit Federschnüren,
Wenn kaum der Wächter »neun« gerufen hat.
Nur hier und da steckt er ein Stäbchen ein,
Damit der Wind die Federn sanft bewege.
Doch nicht zu hoch, sonst schlüpft das kluge Tier
Wohl unten durch und spottet der Gefahr.
Wenn er im Dunkeln nun sein Werk vollendet,
So kehrt er bald mit den Gefährten heim,
Zum Wecken wird der Wächter noch bestellt,
Dann wirft er sich dem Schlummer in die Arme
Und träumt von einer köstlich schönen Jagd.
Bald hört er klopfen, und der Wächter ruft:
»Herr Förster auf! Es hat schon drei geschlagen!
Die andern Schützen hab' ich schon geweckt.«
Noch drückt der Schlaf ihn zentnerschwer. Er reibt
die Augen sich, sucht Feuerstein und Schwamm
Und mancher Hieb trifft schmerzlich seinen Daumen.
Jetzt brennt das Licht. Er geht, den Sohn zu wecken,
Dem heut die längst ersehnte Freude werden soll,
Doch wacht er schon. Und horch, die Schützen kommen,
Und eine Pulle Schnaps wird aufgetischt.

Bald ist die kleine Jägerschar beisammen,
Und jeder ruft dem andern »Prosit!« zu.
Die Jüngsten eilen. Die Begierde treibt
Sie rastlos fort nach dem geliebten Posten.
Die grauen Väter folgen keuchend nach
Und rufen: »Bleibt, es ist noch viel zu früh!«
Doch jene stürmen fort bis an den Wald.
Da stehn sie nun und trocknen sich den Schweiß,
So ohne Not vergossen, von der Stirne.
Fern ist der Morgen, und die dunkle Nacht
Ruht noch mit ihrem Schatten auf der Erde.
Ein Feuer wird im Hohlweg angezündet,
Und an den Hängen lehnen sie sich an,
Bis endlich auch die alten Väter kommen.
Kaum sind sie da, so ruft der Förster schon:
»Frisch auf, Ihr Herrn! Frisch auf! Der Morgen kommt,
Wir stellen uns auf unsre alten Posten!
Und nicht gepudelt heut, das sag ich Euch,
Wer fehlt, muß unerläßlich Strafe geben.«
Die Alten schweigen, doch das junge Blut
Ist kecker schon und ruft: »Wir werden treffen!«
Bald teilen sich die Schützen.
Der eine sucht an einem Eichbaum Schutz,
Damit der kalte Wind ihn nicht zerschneide.
Ein andrer kriecht in einen dicken Busch,
Ihn soll der schlaue Langschwanz nicht erkennen.
Der dritte setzt sich in ein tiefes Loch
Und achtet nicht den nassen, kalten Boden.
Und jeder hofft mit süßer Zuversicht
Von seinem wohl gewählten Stand das Beste.
Allmählich hellt es sich im Osten auf,
Der Nebel sinkt, und die Erwartung steigt.
Schon blitzt es jenseits bei dem letzten Schützen,
Und lange nachher donnert erst der Schuß
Mit lautem Krachen durch das stille Tal.
Die andern nehmen prüfend das Gewehr
Herauf und können noch kein Korn erkennen.
Was mag das, denken sie, gewesen sein?
Gewiß ein Fuchs! Er hat ihn nicht getroffen,

Es ist zu dunkel noch, er hat gefehlt!
So schmeichelt sich, von stillem Neid erfüllt,
Ihr Herz mit einer trügerischen Hoffnung!
Schon wieder blitzt es! Allgemeiner wird
Das Donnern durch die wiederholten Schläge
Und doppelt ruft das Echo jedem nach.
Die Hasen eilen auf gewohntem Wege
Dem Walde zu. Es dämmert schon der Tag.
Erschrocken sehn die furchterfüllten Tiere
Von ihrer Heimat Grenze sich verbannt.
Denn gräßlich flattern weiße Federschnüre
Den Wald entlang, von Geistern ausgespannt.
Schon liegt vom Blei durchbohrt wohl da und dort
Ein Meister Lampe schlummernd auf der Seite.
Der schlaue Fuchs sieht kaum das fremde Zeichen,
So rennt er schon, die Rute hochgestreckt,
Hinaus ins Feld, macht einen weiten Bogen,
Und sucht in einem fremden Walde Schutz.
Doch weniger mit der Gefahr bekannt
Und noch bei jedem Mausloch gierig scharrend
Kommt sorglos der noch unerfahrne Sohn
In einer tiefen Furche hergetrippelt.
Noch will Diana, daß er leben soll.
Von jugendlicher Hitze hingerissen
Faßt ihn der rasche Jäger viel zu hoch,
Und über ihm zerreißt der Schuß den Boden.
Betäubt von Schrecken eilt er fort
Und will an einem andern Orte landen,
Doch hier auch ist die Küste wohl besetzt,
Ein andrer Wächter nimmt ihn nun aufs Korn
Und gibt ihm von der Seite her den frühen Tod.
Er sinkt bewegungslos in sich zusammen
Und haucht den letzten Lebensfunken aus.
Schon kämpft im Osten mit dem dichten Nebel
Der Morgensonne goldnes, hehres Licht!
Nur hier und da sieht man in weiter Ferne
Ein Häschen, das mit rascher Tätigkeit
Im weichen Feld ein Lager sich bereitet.
Die andern liegen um die Schützen her,

Bald nah, bald fern, wie sie das Schicksal führte.
Bald sammelt wieder die Gesellschaft sich
Und jeder trägt mit frohem Sinn die Beute,
Die ihm Diana gütig zugeteilt. Der Jüngste nur
Fehlt noch, des Försters Sohn. Sie sehn sich nach ihm um,
Da kommt er endlich keuchend von dem Berge
Und tief gebeugt von seiner Last herab.
Was trägt er wohl? Heran, mein Freund! Ein Dachs
Bedeckt des raschen Schützen Rücken
Und fast erliegt er unter seiner Bürde.
Er war's, der jenen Schuß im Dunkeln tat!
Zwar sah er nichts als einen schwarzen Klumpen,
Ein fremdes Tier, ihm völlig unbekannt,
Und kalter Schauder schlich ihm durch die Seele,
Doch faßt' er Mut und tat den Meisterschuß.
Und als der liebe Morgen endlich graute,
Da sah er, denkt Euch seine Seligkeit,
Das Untier tot vor seiner Flinte liegen.
Mit Stolz blickt nun der junge Held
Rund um sich her und freut sich seines Sieges.
Dem Dachs gebührt der erste Platz, den zweiten
Erhält der Fuchs. Dann folgt in Reih und Glied
Noch mancher Meister Langohr, groß und klein.
Die Schützen eilen, alle wohl beladen,
Mit raschen Schritten nun der Heimat zu,
Und jeder spricht von seinen Heldentaten.

16.

Weidmännische Liebeserklärung

Mädchen, sieh, wie meine Tränen rollen,
Traurig ist mein Herz und freudenleer!
Wirst Du keinen süßen Blick mir zollen?
Bleibst Du ewig kalt wie mein Gewehr?
Sollen mir die nassen Augen brechen?
Sieh, wie liebt mich dieser treue Hund!
Willig läßt er sich die Haut zerstechen,
Läuft sich gern für mich die Füße wund.
Laß mich neben Dir den Wald durchstreichen,
Trockne von der Stirne mir den Schweiß!
Wirst Du bald die kleine Hand mir reichen?
Oder schlägt in Dir ein Herz von Eis?
Komm, ich will an den Altar Dich führen!
Nur für Dich tönt dann der Büchse Knall,
Nur für Dich will ich den Marder spüren
Und den Otter, fern am Wasserfall.
Laß auch Schlangen mir entgegenzischen,
Doppelt freut mich jeder gute Fang.
Immer Dir das Beste aufzutischen,
Ist mein Wunsch. – Gefällt Dir mein Gesang?

17.

Beim Tode meines Souri

Töne traurig, holde, süße Laute,
Die von frohen Liedern sonst erklang,
Der ich meine Freuden einst vertraute,
Töne schauerlich und bang.

Was mir lieb war, ist dahin gegangen
in des Todes öde, dunkle Nacht.
Wann vergeht dies schmerzliche Verlangen?
Wann erheitert sich mein Blick?

Guter Souri! Was Du mir gewesen,
Wird mir keiner mehr in dieser Welt:
Denn zum Liebling hatt' ich Dich erlesen,
Teurer mir als Gut und Geld.

Froh und munter gingst Du mir zur Seite
Durch Gebüsch und Dorn durchs Leben hin;
Mir zu dienen war Dir süße Freude,
Redlich, sanft und treu Dein Sinn.

Nein, so liebt kein Menschenherz das andre!
Dich ersetzt mir keine künft'ge Zeit,
Wenn ich auch noch manche Flur durchwandre,
Manche Täler nah und weit.

Armer Souri! Hast so manchen Hasen,
Manche schöne Schnepfe mir gebracht.
Und schon grünt auf Deinem Grab der Rasen,
Und Du schläfst in dunkler Nacht!

18.

An Auguste P.

Sei mir gegrüßt in Deinem stillen Tale,
Das neidisch von der andern Welt Dich trennt,
Das ich im Geiste mir so reizend male,
Ob es mein Auge gleich nicht kennt!
Werd' ich es nimmer sehn, dies stille Tal?
Soll nie beim ersten Frühlingssonnenstrahl,
Wenn keine Nebel mehr die Flur bedecken,
Des Fremdlings Gruß aus süßem Schlaf Dich wecken?

Wohl sehn' ich mich nach einer nähern Kunde
Von Deinem waldumgrenzten Vaterland!
O sprich, ist sie noch fern, die schöne Stunde,
Wo Deine liebe, saitenkund'ge Hand
Mir, voll Vertraun, die ferne Gegend nennt,
Die Dich von der geliebten Heimat trennt?
Dann leg' ich, dankbar, meine künft'gen Lieder,
Wenn Du's vergönnst, zu Deinen Füßen nieder.

Nicht gänzlich hat mein Glaube mich betrogen!
Wohl hast Du einst mit Lust ein Rohr gespannt!
Dir war der Wälder Königin gewogen,
Des Bruders würdig hat sie Dich erkannt.
Doch wohl Dir! Nimmer zuckt' ein armes Herz,
Von Deiner Hand durchbohrt, im Todesschmerz.
Wie könntest Du ans Morden Dich gewöhnen?
Nur für die Männer sind die blut'gen Szenen.

O laß Dein Lied nicht immer so beschränken!
Wer gab gebietend Dir der Reime Zahl?
Wem kommt es zu, den Willen Dir zu lenken?
Wer bindet Dich? Es steht in Deiner Wahl.
Ein freundlich Wörtchen hast Du mir gesandt!
In stiller Hoffnung reich' ich Dir die Hand.
O lüfte noch – dann wird die Aussicht freier –
Ein wenig nur den neidisch dunkeln Schleier.

Der Anstand auf Füchse am Bau

19.

An Herrn Doktor E. in F.

Sinnend und einsam saß ich jüngst
in der Stunde des Abends.
Horch, da klopft es! »Herein!«
Es ist die Botin! Sie sagt,
Gestern sei mit der Post
ein großer Kasten gekommen,
Länglich, flach und breit,
doch für ihr Körbchen zu schwer.
»Flach und lang?«, so frag' ich erstaunt
und sinne vergebens,
Welches Freundes Hand
mir wohl die Kiste gesandt!
Gold und Silber enthält sie nicht,
dafür will ich bürgen.
Sollten es Bücher sein?
Niemand verwahret sie so.
Oder Noten vielleicht?
Bewahre der Himmel, die Noten
Brauch' ich in Masse nicht.
Oft ist mir eine zu viel.
Aber was sonst, so frag' ich mich oft,
doch immer vergebens.

Also Geduld, Geduld,
bald löst das Rätsel sich auf.
Eh' noch am rauchenden Himmel
die Sonne zwischen den Bergen
Langsam aufwärts steigt,
wird schon ein Bote gesandt.
Munter schreitet er fort,
das Haar vom Froste versilbert,
Und sein weiter Mund dampft
wie ein kleiner Vulkan.
Endlich kommt er zurück.
Auf meinem hölzernen Stühlchen
Sitz' ich am stillen Wald,
wo Meister Lampe spaziert.
Vor mir liegt mein treuer Freund
und wärmt mir die Füße,
Die der knisternde Schnee
kältet und härtet zugleich.
Doch schon seh' ich den Boten
mit seinem gleitenden Schlittchen,
Und mit eiligem Schritt
zieht er's den Hügel herauf.
Nicht mit Murren, wie sonst,
wenn spät am Abend ein Wandrer
Mir den Anstand verdirbt,
geb' ich ihm jetzt das Geleit
Und betrachte mit prüfendem Blick
den mächtigen Kasten,
Der auf dem Schlitten ruht,
wie ein italisches Dach.
Er wird rasch nun erbrochen
mit dem gewaltigen Messer,
Das schon so manches Genick,
sicher treffend, durchstieß.
Und die Zange, die sonst
nur weiche Kugeln beschneidet,

Zieht jetzt die Nägel heraus,
bis der Deckel sich hebt.

Ha, was seh' ich! Ein köstliches Bild!
Vom goldenen Rahmen

Hell und glänzend umfaßt
lacht es so freundlich mich an!

Welche Wahrheit! Ein schlauer Fuchs,
im Eisen gefangen,

Hat schon den kranken Lauf
bis auf den Knochen zernagt.

Doch es kommen zu rechter Zeit
die gierigen Hunde,

Fallen über ihn her,
und es beginnet der Kampf.

Einer packt ihn grimmig am Hals,
ein andrer am Rücken,

Und der dritte fühlt bald
des Ergriffenen Zahn.

Heulend streckt er den Kopf in die Luft,
und purpurne Tropfen

Fließen am Hals herab;
gut hat der Fuchs ihn gefaßt.

Dicht vor dem schlauen Würger
seh' ich den vierten gelagert,

Doch er greift ihn nicht an,
fürchtend des Bisses Gewalt.

Beide wünschen den Kampf,
sie weisen sich knurrend die Zähne,

Aber keiner beginnt!
Furcht hält sie beide zurück.

Und der jüngste steht
von fern mit funkelnden Augen,

Doch an den mächtigen Feind
waget der Jüngling sich nicht.

Jenseits dämmert ein alter Turm
in nebliger Ferne,

Und es kehret der Blick
gern zu den Kämpfern zurück.

Habe Dank, mein Herzensfreund,
für die köstliche Gabe!
Nimmer vergeß' ich Dir's,
daß Du dies Bild mir gesandt.
Dankbar will ich es oft
in süßer Stille betrachten
Und Dein gedenken dabei,
bis einst mein Auge sich schließt.

Der Anstand auf Waldschnepfen

20.

Die Jahreszeiten
An Diana

Einmal noch, o reizende Göttin,
laß mir gelingen,
Was ich so lange schon
schweigend im Busen trug!
Nur dies einzige Lied,
mein letztes, laß mir gelingen,
Dir sei es dankbar geweiht.
Es ist mein Schwanengesang.
Schaue herab aus der Sternenbahn,
die Du einsam durchwandelst,
Sende nur einen Blick
auf Deinen Sänger herab!
Ach, und neige freundlich
Dein Ohr den lebenden Tönen,
Die er mit schüchterner Hand
leise den Saiten entlockt.
Wer vermag, o Geliebte,
Dich Deiner würdig zu preisen?
Dich, die mir alles gab,
was ich an Freuden gewann!
Hab' ich Stunden der Wonne verlebt
und selige Tage
– Wohl mir, ich hätte fürwahr
mit keinem König getauscht! –,
O so dank' ich sie Dir!
Du hast mir den Himmel bereitet!
Dankbar trag' ich ihn
in der verschwiegenen Brust!

Als noch den Knaben
das leichte Gewand der Kindheit umwallte,
Hing schon sein ganzes Herz,
liebliche Göttin, an Dir!
Früh schon lernte die kleine Hand
den Bogen regieren,
Und es spähte der Blick
weit in die Ferne hinaus;
Früh schon ereilte sein schnelles Geschoß
die Segler der Lüfte,
Früh den rudernden Fisch
wie das entfliehende Wild.
Alles vergeht im Wechsel der Zeit,
wie die Blumen verwelken,
Wie das rötliche Laub
sterbend den Boden bedeckt.
Nur Dein göttliches Bild
— im innersten Herzen bewahr' ich's —,
Ewig reizend und neu,
trotzt der Vergänglichkeit.
Wer Dich einmal erblickte
in der ganzen Fülle der Schönheit,
Wer an Deinem Altar
einmal die Knie gebeugt —
Nimmer vergißt er Dich,
mit heißer, ewiger Liebe
Hängt er immerdar,
himmlisches Wesen, an Dir.
Selbst der zitternde Greis
mit den längst verblichenen Locken,
Den der schwache Fuß
kaum noch am Stabe trägt,
Rasch wie ein Jüngling erhebt der das Haupt,
es leuchtet sein Auge,
Wenn ihn des Hörnergetöns
magischer Zauber ergreift.

21.

An Herrn Forstmeister Pf...

Ich grüße Dich in Deiner stillen Öde,
In Deiner Einsamkeit, o Jägersmann!
Sanft wie im Abendwind der Ton der Flöte
Weht Deines Liedes leiser Hauch mich an!
Wohl harr' ich sein, wohl lausch' ich oft und gern,
Doch der geliebte Sänger ist zu fern.

Wenn purpurn sich am goldumglänzten Himmel
Des Morgenrotes Zauberbild erhebt
Und lärmend nun das fröhliche Gewimmel
der Krähen durch die Tannenwipfel schwebt,
Wenn schon der Kauz aus tiefer, dunkler Kluft
Sein letztes Lebewohl der Dämmrung ruft:

Dann schleichst Du leise, mit gebognem Tritte
— Sie schlummern alle noch so sanft und süß! —
Dich, sorgsam lauschend, aus der Deinen Mitte
Hinaus in Deines Waldes Paradies
Und schreitest still, im Arm das Feuerrohr,
Den engen, steilen Klippenpfad empor.

Wie stehst Du dann so mächtig, so erhaben,
So frei auf Deinem stillen Felsenhaus!
Wie kann Dein Adlerauge hier sich laben!
Wie dehnt der Wälder weites Reich sich aus!
Nur selten kehrt ein sehnsuchtsvoller Blick
In das geliebte Jugendland zurück.

Weit unter Dir, im engen Tale ziehen
Des Wildes muntre Rudel nun vorbei.
Sie kennen nur der Vögel Melodien,
Den Donner nicht! Hier trifft kein tötend Blei.
Der stolze Hirsch, das menschenscheue Schwein –
In ihrer Heimat scheinen sie zu sein.

Wohin Du schauest, lachen frohe Saaten,
Des Fleißes Frucht, Dich herzerhebend an.
Wie liebt Dich Pan! Wie wohl sind sie geraten –
Sie sind Dein Werk, beneidenswerter Mann!
Für die Geschlechter einer künft'gen Zeit
Hast Du gewirkt in edler Tätigkeit.

Und nahst Du endlich Dich der heitern Stelle,
Wo Dir der Himmel eine Welt verlieh,
Dann eilen Dir mit freudigem Gebelle
Die Hunde zu, und gern empfängst Du sie.
Der Dachse Schwarm, der ernste Soliman,
Auch Hektor und Achilles schlagen an,

Und ob sie alle lärmend Dich begleiten,
Doch scheuchst der Treuen keinen Du zurück.
Die Gattin eilt, ein Mahl Dir zu bereiten,
Und leise forschend fragt sie Deinen Blick,
Ob Dir Diana hold und günstig war,
Ob gütig sie Dich schützte vor Gefahr.

Der Hain verstummt, die leichten Nebel schwimmen
Entlang das stille, waldumkränzte Tal,
Schon mahnt, das goldne Saitenspiel zu stimmen,
Dich Luna selbst durch ihren Silberstrahl.
Und wenn der Töne ganze Fülle rauscht,
Dann lehnt sie auf den Bogen sich und lauscht.

Wohl Dir! Es blühen tausend süße Freuden
Auf Deines Lebens blumenreichem Pfad;
Doch ferne sei's von mir, Dich zu beneiden,
Denn Du verdienst Dein Glück durch Wort und Tat.
Ich reiche Dir vielmehr aus fernem Land
Zu Fried und Freundschaft herzlich meine Hand.

22.

Der Wolf und der Hund

Eine Fabel
Nach Phädrus Lib. III. Fab. 7

Ein wohlgenährter Hofhund und ein Wolf,
Von Hunger abgezehret, begegneten
Sich einst und blieben grüßend stehn.

»Freund«, sprach der Wolf, »sprich, wovon glänzest Du
So schön? Wovon nährst Du so trefflich Dich?«

Hund: »Nie fehlt es mir an Brot. Mir gibt der Herr
Von seinem Tisch die Knochen. Und was sonst
Noch übrig bleibt, wird alles mir zuteil.
So füll' ich ohne Mühe meinen Bauch.«

Wolf: »Und mich, der ich viel tapfrer bin als Du,
Mich reibt beinah der bittre Hunger auf!«

Hund: »Auch Du kannst besser leben, wenn Du nur
Dem Herrn auch gleiche Dienste leisten willst.«

Wolf: »Und welche?« – Hund: »Wächter mußt Du sein am Tor,
Vor Dieben ihn zu schützen in der Nacht.«

Wolf: »Wohlan, ich bin bereit! Ich folge Dir.
Was soll ich länger noch im öden Wald,
Wo Schnee und kalter Regen mich durchnäßt,
Mich quälen, wenn ich unter sicherm Dach
So leicht und doch so gut mich nähren kann?« –
»So komme denn!«, versetzt hierauf der Hund. –
Doch als sie so beisammen weiter gehn,
Bemerkt der Wolf an dem Gefährten bald

Den von der Kette kahl geriebnen Hals.
»Was hast Du da?«, fragt er verwundert ihn.
Hund: »Nichts, gar nichts!« — Wolf: »Sprich, ich bitte, was ist das?«
Hund: »Weil ich mitunter etwas bissig bin,
Werd' ich wohl auch bisweilen angelegt,
Damit die Ruh mich stärke unterm Tag,
Und umso besser wach' ich dann bei Nacht,
Denn kaum verbreitet sich die Dämmerung,
So darf ich gehn, wohin es mir beliebt.«
Wolf: »Sprich, darfst Du jagen auch, wenn Dir's gefällt?«
Hund: »Das eben nicht!« — Drauf läßt der Wolf ihn stehn
Und ruft ihm noch, bevor er scheidet, zu:
»Freund, freue Deines Glückes Dich allein,
Nicht um die Welt möcht' ich ein — Sklave sein.«

NUTZANWENDUNG

Ihr dicken Herrn mit kupfrigem Gesicht
Und dritt'halb Ellen breitem Rücken
Pflegt manchmal stolz auf uns herabzublicken,
Weil's unsern Bäuchen oft an Feist gebricht
Und uns mitunter auch wohl Sorgen drücken.
Doch wenn auf Euren Bauch die Sonne sticht,
Wenn Ihr vor Euren Meistern tief Euch bücken
und sitzen müßt, daß Euch die Schwarte kracht,
Vom Morgen bis zur späten Nacht —
Dann gehn wir Jäger frei umher und blicken
Zum Himmel auf mit Dank und mit Entzücken,
Daß er nicht auch zu Sklaven uns gemacht!
Uns blüht die herrliche Natur! Uns lacht
Die Blumenflur in ihrer schönsten Pracht!
Wie könnten wir um Eure Tafelfreuden,
Ihr speckbewachsnen Schlemmer, Euch beneiden?
Nein! Heil dem Jägerstande, dreimal Heil!
Uns ist die Freiheit nicht um Kronen feil.

23.

Des Jägers Morgenlied

Auf, Bruder, auf ins Freie!
Es ruft der Hörner Schall!
Schon pfeift die Rüttelweihe
Hoch überm Wasserfall.
Schon krächzt am stillen Weiher
Wie am bemoosten Ried
Der silberfarbne Reiher
Sein heisres Morgenlied.

Hört Ihr die Hähne krähen?
Sie tun den Morgen kund.
Auf, laßt uns Wild erspähen
Im düstern Waldesgrund!
Es zieht dem dunkeln Schatten,
Wo Sicherheit und Ruh
Sich mit der Kühlung gatten,
Dem Föhrendickicht zu.

Voran mit leisem Tritte
Geht das erfahrne Tier,
Die Kinder in der Mitte,
Zuletzt des Waldes Zier.
Wie majestätisch prangen
Am stattlichen Geweih
Die schwarzgefärbten Stangen,
Er trägt sie stolz und frei!

Hört ihr den Rehbock schrecken!
Er steht am dunkeln Schlag
In dichtbelaubten Hecken
Und grüßt den jungen Tag.
Wohl äst sich ihm zur Seite
Das zarte, schlanke Reh
Und gibt ihm das Geleite
Hinab zum kühlen See.

Drum, Brüder, auf ins Freie!
Ergreift das Feuerrohr!
Schon schwingt die Königsweihe
Zum Himmel sich empor.
Schon heulen laut die Hunde,
Und wiehernd stampft das Roß –
Verloren ist die Stunde,
Die ungenützt verfloß.

24.

Apologie der Papier-pfropfen

Vom holden Frühling, von des Herbstes Wonne
Hört' ich schon manchen süßen Liedes Klang.
Der Weidmann preist die neugeborne Sonne,
Er preist den rosenfarbnen Untergang.
Des Morgens Freuden wie des Abends Lust
Besingt er gern mit dankerfüllter Brust.

Auch ließ wohl schon dem treuen Hund zu Ehren,
Der immer freundlich ihm zur Seite steht,
Gar mancher wackre Jägersmann sich hören.
Und schon seit Jahren singt man früh und spät
Viel Lieder vom geliebten, grünen Hain,
Und mancher will dort auch begraben sein*.

So hört' ich noch von tausend andern Dingen,
Die mein Gedächtnis mir nicht treu bewahrt,
Bald rauschende, bald sanfte Lieder singen,
Und nirgends ward der süße Klang gespart.
Nur – dürft mir's glauben, Freunde! – ein Gedicht
Zum Lob der Flintenpfropfen hört' ich nicht.

Und doch, wie unentbehrlich sind die Pfropfen!
Wie würde doch so plötzlich ohne sie
Die Quelle des Vergnügens sich verstopfen,
Das uns Diana mütterlich verlieh.
Wer ohne Pfropfen Feld und Wald durchzieht,
Der arme Narr, ist ganz umsonst bemüht.

Nein, bleibt mir weg mit Schaf- und Biberhaaren,
Die treiben gleich die Galle mir ins Blut!
Vor ihnen soll Diana mich bewahren,
Ich bin den Filzen und dem Filz nicht gut.
Unendlich besser, Freunde, glaubt es mir,
Gefallen mir die Pfropfen von Papier.

Empfang' ich irgend ein fatales Schreiben,
So reiß' ich rasch den dummen Wisch entzwei,
Der beste Weg, die Grillen zu vertreiben,
Und, wahrlich, auch der kürzeste dabei.
(Kaum fliegt das Blatt hinaus, kaum kracht der Schuß,
So schwindet auch schon Unmut und Verdruß.)

Hab' irgend ein Geheimnis ich erfahren,
Der Welt verborgen und verhängnisvoll,
Das ich in meiner tiefsten Brust bewahren,
Das keines Menschen Aug' erblicken soll:
Hinab damit in das verschwiegne Rohr!
Dort zieht's gewiß die Neugier nicht hervor.

Es mahnen öfters mich die müden Glieder,
Daß bei der Jagd auch Ruhe nötig sei.
Dann leg' ich mich auf weichem Rasen nieder,
Doch ach, die Stunden schleichen, schwer wie Blei.
Da füllt gar oft ein kleiner Flintenpfropf
Mit lustigen Gedanken mir den Kopf.

Da purzelt alles friedlich durcheinander,
Was sich im Leben oft so feindlich trennt –
Bald König Saul, bald Kaiser Nykophander
Und mancher neue Stern am Firmament,
Der Tartachan, der heilige Papa,
Sie liegen all' in bunter Reihe da.

Sogar die Mauren und die Portugiesen
– Das Reich des Glaubens und das Heidenland –
Seh' ich vertraut sich aneinander schließen,
Als eine sie ein festes Freundschaftsband.
Der Hellespont, das schwarz' und weiße Meer,
Sie liegen alle sturmlos um mich her.

Bald find' ich Mädchen, die nach Männern fragen,
Bald sucht ein Witwer sich ein reiches Weib,
Bald hör' ich über schlechte Zeiten klagen,
Und nimmer fehlt es mir an Zeitvertreib.
Possierlich dreht sich, wie durch Zauberei,
Vor meinem Blick ein buntes Allerlei.

Drum, lieber Leser, laß Dir freundlich raten,
Nimm keinen Filz und keine Hede mehr!
Die Zeitung nur ist reich an Wundertaten,
Durch sie erleg' ich alles Wild umher.
Sie füllt den Kopf, sie füllt die Tasche mir,
Drum preis' ich laut die Pfropfen von — Papier.

*Bekanntlich hat Hr. Oberforstmeister v. Wildungen zu Marburg bereits vor längerer Zeit (videatur dessen beliebtes Taschenbuch) unter selbstgepflanzten Bäumen seine Ruhestätte sich ausgesucht, die aber — Dank sei es Dianen, die ihren treuen Verehrer zu schützen wußte! — noch leer steht und noch recht lange — gewiß wünschen dies alle Leser mit mir! — leer bleiben möge.

Das Pirschen auf den Ruf in der Brunftzeit

25.

Der Abendanstand

Jäger-Idylle

Herunter von der Wand, geliebte Büchse,
Du meine teure, treue Dienerin.
Vor allen sollst Du heute mich begleiten,
Denn nach dem schönsten Ziele steht mein Sinn,
Nach jenem Hirsch, dem ich so manche Nacht
Nun schon umsonst zum Opfer dargebracht.

Still, Soliman, und Du, Alonzo, schweige!
Was leckt Ihr doch so schmeichelnd mir die Hand?
Es möchte gerne jeder mich begleiten,
Doch keinem wird der Vorzug zuerkannt.
Kein Winseln hift, kein Flehn, ihr bleibt zurück,
Nur fern von Euch blüht heute mir das Glück.

Ein Schwarm von Schnittern jubelt mir entgegen.
»Laß, o Diana«, fleh' ich still empor,
»Kein altes Weib mir vor die Augen kommen,
Das etwa schon den letzten Zahn verlor,
Sonst wird kein Sechzehnender mir zuteil,
Solch Hexenvolk bringt keinem Jäger Heil.«

Doch seht! Wer eilt dort mit dem Bänderhut,
Flink wie ein Reh den andern Schnittern vor?
Mein Liebchen ist's, des Gaues schönste Dirne,
Schon hebt sie winkend ihren Hut empor.
Victoria! Nun bau' ich fest aufs Glück!
Vor solchen Hexchen bebt man nicht zurück

»Mein guter Adolph«, ruft sie mir entgegen,
»Umsonst geladen ward Dein Mordgewehr!
Der Hirsch ist fort, wer wird auch heute jagen,
Schon tönen laut und süß die Geigen her.
Es schnurrt der Baß, und die Trompete dröhnt,
Hab' ich doch längst mich schon nach Dir gesehnt!

Laß uns das Schnitterfest im frohen Reigen,
In süßer wonnevoller Lust begehn!
Soll ich denn einsam in der Kammer sitzen
Wenn andre Mädchen froh zum Tanze gehn?«
Schon zürnt ihr Blick, das freundliche Gesicht
Umwölkt sich stürmisch, doch – ich wanke nicht.

Schon wird mit Unmut mir die Hand entzogen,
Und bittre Tränen trüben ihren Blick.
Da fleh' ich: »Laß mich so nicht von Dir gehen.
Gewiß, ich kehrte gern mit Dir zurück,
Doch unbezwingbar zieht und treibt mein Sinn
Mich heute zu dem Sechzehnender hin.«

So scheiden wir, und meine Blicke folgen
Der Zürnenden noch in der Ferne nach,
Vergebens hoffend, sie versöhnt zu sehen.
Kein Mädchenherz verzeihet solche Schmach;
Sie wendet still, mit schwer verletztem Sinn
Und weinend, sich nach ihrer Wohnung hin.

Schon treibt mein Herz mich an, ihr nachzueilen,
Da winkt mir aus der Ferne her der Baum,
Auf dem ich mir den schönsten Sitz bereitet,
Und stürzen seh' ich bald im wachen Traum
Den stolzen Hirsch, um den ich manche Nacht
Mit heißer Sehnsucht fruchtlos schon durchwacht.

Vergessen sind auf einmal nun die Tränen
Des holden Mädchens und der frohe Tanz.
Vergessen, was den Abschied mir erschwerte.
Ein Eichenzweig verdrängt den Erntekranz.
Vergebens winkst Du, holde Schnitterin,
Diana zieht mich mächt'ger zu sich hin.

Die Arme, die sonst liebend Dich umfassen,
Umschlingen jetzt des Baumes rauhen Schaft.
Nur schwer und langsam kann ich aufwärts klimmen
Und fast gebricht es mir zuletzt an Kraft.
Kein Eichhorn bin ich, das behend und leicht,
Im Klettern Meister, jeden Baum ersteigt.

Jetzt hab' ich das gewünschte Ziel errungen,
Auf meinem Schoße ruht das Leibgewehr,
In meinem Herzen lebt die schönste Hoffnung,
Und tiefe Stille ruht schon um mich her.
Säß' ich auch noch so hart auf meinem Thron,
Doch tauscht' ich nicht mit manchem Königssohn.

Des Waldes Sänger schmettern ihre Lieder
Dicht neben mir, und über meinem Haupt
Ertönet sorglos das Gekrächz der Eule,
Die ferne sich von allen Menschen glaubt.
Der Ziegenmelker schwirrt um mich herum
In schnellem Flug, bald klatschend und bald stumm.

Allmählich schwindet auch die letzte Röte
Des Abends, dunkler wird der Wolken Saum.
Ein Hühnerpaar versammelt seine Kinder –
Willkommener Anblick unter meinem Baum.
Die Hasen spielen, scherzend hüpft das Reh,
Und Enten schnattern laut im nahen See.

O wonnevoller, zauberischer Abend!
Was gleicht wohl diesem köstlichen Genuß!
Wie könnte je mein frohes Herz sich sehnen
Nach Ehre, Reichtum, Glanz und Überfluß.
Der Weidmann trägt des Lebens höchste Lust,
Der Hoffnung Seligkeit in seiner Brust.

Jetzt hör' ich endlich dürre Reiser knistern,
Wie Geisterstimmen rauscht das welke Laub.
O süße Hoffnung, wonnevolles Ahnen!
Für solchen Wohllaut ist mein Ohr nicht taub!
Der Sechzehnender ist's! Mit leisem Tritt
Schleicht er heran, ich kenne seinen Schritt.

Schon klopft mein Herz in regellosen Schlägen
Wie bei des Fiebers brennend heißer Glut.
Durch alle Adern rinnt, gleich hellem Feuer,
Im schnellsten Lauf das aufgeregte Blut.
Die Pulse stocken, jeder Nerve schwillt.
Weh mir, wenn nichts den wilden Aufruhr stillt.

Doch bald beginnt dies Toben sich zu legen,
Ich atme endlich wieder frei und leicht,
Nicht fürchtend mehr, dem Hirsch mich zu verraten,
Der näher schon am Saum des Waldes schleicht.
Was hüpfst Du so, mein hocherfreutes Herz?
Noch traf den Stolzen nicht der Todesschmerz.

Jetzt tritt er aus des Waldes tiefem Dunkel,
Noch immer horchend, auf das Weizenfeld.
Mit Mühe kann ich mein Visier erkennen,
Vom Strahl des Mondes spärlich nur erhellt.
Doch frisch gewagt! Es winkt mein gutes Glück,
Drum nütz' ich schnell den günst'gen Augenblick.

Der Finger krümmt sich, donnerähnlich rollet
Weit durch den Wald des Schusses dumpfer Knall,
Er bricht sich krachend in des Tales Gründen,
Zehnfach verdoppelt durch den Widerhall.
Ist's doch, als sei mit einem Mal die Nacht
Rings um mich her aus tiefem Schlaf erwacht!

Kaum atmend lausch' ich dem gewalt'gen Rauschen
Der Flucht des Hirsches, der waldeinwärts eilt,
Indessen mein Gemüt im raschen Wechsel
Sich zweifelnd zwischen Furcht und Hoffnung teilt.
Doch bald ertönt des Falles dumpfer Laut,
Und nicht umsonst hab' ich dem Glück vertraut.

Jetzt zuckt die Freude mir durch alle Nerven,
Ich gleite schnell von meinem Baum herab
Und breche, Hut und Hirsch damit zu schmücken,
Der Eichenzweige wohl ein Dutzend ab.
Victoria! Ihr Sorgen, gute Nacht!
Nun wird auch noch ein Tänzchen heut gemacht.

Und, wie von leichten Elfen fortgetragen,
Erreich' ich das ersehnte Kämmerlein,
Neugierig, ob sie grollend sich verschlossen,
Ob sie zum Tanze mag gegangen sein.
Und hastig pochend an die niedre Tür,
Gab ich ein fast zu lautes Zeichen ihr.

Da öffnet sich alsbald ihr kleines Fenster,
Und ihre Stimme tönt wie Flöten mir:
»Ach! Adolph ist's.« »Komm!«, ruf ich ihr entgegen,
»Nun geh' ich herzlich gern zum Tanz mit Dir.
Das Glück hat mir gelacht, der Hirsch ist mein,
Nun laß uns heute noch recht fröhlich sein.«

Und eilend führt sie mich dem Tummelplatze
Der frohen, sorgenfreien Jugend zu.
Ihr läßt das Zauberspiel der hellen Saiten,
Das Schmettern der Trompete keine Ruh.
Im schnellen Wirbel werd' ich umgedreht,
Bis mir zuletzt der Atem fast vergeht.

»Denkt nur, der Adolph hat den Hirsch geschossen!«,
So ruft sie, stolz auf den Geliebten, aus.
Und bald entsteht ein allgemeiner Jubel,
Und jeder will mit in den Wald hinaus.
»Der große Hirsch ist tot! Victoria!«,
So rufen alle Stimmen fern und nah.

Am Tore harret schon ein langer Wagen,
Der kaum den frohen Schwarm der Tänzer faßt.
Ja, selbst die Geiger wollen uns begleiten.
Hinausgefahren wird in voller Hast,
Und dann der Hirsch, mit Brüchen schön geziert,
Im jubelnden Triumphe heimgeführt.

Dem Helden gleich, auf stolzem Siegeswagen,
So steh' ich da — mein Liebchen neben mir.
Und sage, was mein Wunsch ist und mein Hoffen,
Durch manches wohlverstandne Zeichen ihr,
Doch schüchtern nur gewährend gibt ihr Blick
Den Sinn der stummen Wünsche mir zurück.

Bald steht der Wagen vor dem Jägerhause,
Schon liegt der Hirsch am Boden ausgestreckt,
Schon hab' ich, wie sich's ziemt, ihn aufgebrochen
Und mit Entzücken meinen Schuß entdeckt,
Der — welch ein Glück! — trotz aller Finsternis
Des Herzens Mitte meisterlich zerriß.

Dank Dir, Diana! Alles ist vollendet!
Der wärmste Dank sei Dir dafür gebracht!
Doch zürne nicht, wenn auch nach andern Freuden
In meinem Herzen nun der Drang erwacht!
Vergib mir, holde Waldbeherrscherin,
Wenn ich nicht Dir allein ergeben bin.

Die Liebliche (Du warst ihr nie gewogen),
Der Paris einst den Apfel zugewandt,
Will Deinem Günstling auch ein Fest bereiten,
Ein Fest voll Freuden, die er nie gekannt.
Am Abendhimmel glänzt ihr holder Stern,
Sie winkt mir lächelnd,und ich folge gern.

26.

Die Entenjagd

Auf, Ihr rüstigen Fischer,
ergreift die gewaltigen Stiefel,
Deren jeder hinauf
bis an die Hüften Euch reicht,
Schlupfet hinein, wie die Maus
in den Erbsenbüschel, und suchet
Auch den Fahrbaum zurecht
und die Ruder dazu.
Lustig geht unsre Fahrt!
Hier wird kein Anker gelichtet,
Und kein widriger Wind
hemmet den eiligen Lauf.
Klippenlos ist die Bahn,
uns droht kein Fels von Korallen,
Der sein scharfes Gestein
unter den Wogen verbirgt.
Nimmer bricht uns ein Mast,
es geht kein Segel verloren,
Und kein Strudel zieht uns
in den Abgrund hinab.
Stürme toben hier nicht,
auch lauern keine Korsaren
Auf der friedlichen See,
die wir beschiffen, uns auf.
Und kein Schwertfisch durchbohrt
mit seiner furchtbaren Waffe

Unseres Bootes Grund,
noch stürzt ein Walfisch es um.
Vorwärts denn! Schon stehn sie bereit,
die eifrigen Schützen,
Rings um den Weiher herum,
jeder durch Büsche gedeckt.
Früher als sonst enteilen sie
heut' den behaglichen Nestern,
Wo die Sonne sie oft
noch um Mittag bescheint.
Jeder richtet den Blick
auf die schon gelichteten Plänken*,
Die, einem Fächer gleich,
durch das Geröhricht sich ziehn,
Wie die Räuber im dichten Gesträuch
an der Straße sich lagern,
Bis der Wandrer erscheint,
dem sie den Untergang drohn.
Emsig rudern schon hier und da,
Gewürme zu suchen,
Wasserhühner vorbei,
die kein Knall noch erschreckt.
Sorglos zwitschert der winzige Taucher,
der Zwerg des Gewässers,
Und im Weidengezweig
schmettert die Drossel ihr Lied**.
Ungeduldig stehen sie da,
die begierigen Schützen,
Kaum gehorchend noch
dem allgemeinen Gebot,
Keinen Lärm zu erregen,
bevor der Nachen sich leise
Seinem Ziele genaht.
Jedem klopfet das Herz.
Endlich ertönt der willkommene Ruf
aus dem plätschernden Kahne,

Die Suche mit dem Hühnerhund auf wilde Enten

Und ein donnernder Schuß
gibt das ersehnte Signal.
Himmel, welch ein Gewühl in der Luft!
Wohin sich das Auge
Spähend wendet,
da stellt etwas Neues sich dar!
Schreiend erheben die Enten sich
in mächtigen Schwärmen
Aus dem dichten Rohr
und verfinstern die Luft.
Wie in der donnernden Schlacht,
wenn Feindes Reihen sich nahen,
An der Front hinauf
jeder ins Feuer sich legt:
Also blitzt es aus jedem Busch,
doch immer vergebens,
Denn in die Mitte des Sees
reichet kein tödliches Blei.
Endlich senket denn doch
mit leicht verwundetem Flügel
Eine der Enten sich. –
Welch ein Freudengeschrei
Schallt nun rings in die Luft!
»Die«, ruft man, »hab' ich getroffen!«
»Das war ein prächtiger Schuß;
mir ward die erste zuteil.«
»Wie!«, ruft's jenseits, »soll etwa
von Euch die Ente getroffen
Sein? Bewahre mich Gott!
Ihr habt sie alle gefehlt!
Erst auf den letzten Schuß,
ich sah' es, ist sie gefallen.
Und den tatet Ihr nicht;
hier ist der letzte geschehn.«
»Richtig«, erwidert mit Hitze der Nachbar,
»hier ist er geschehn,

Du aber tatest ihn nicht,
ich schoß die Ente herab.«
Und es lächelt der Förster dazwischen:
»Beruhigt Euch beide,
Keiner von Euch hat recht.
Dir hat die Flinte versagt,
Und Du, gewaltiger Treffer,
hast zwar die Pfanne gezündet,
Aber das Pulver im Rohr
steckt noch so fest wie vorher.
Also vertragt Euch, Ihr Herren,
Euch blendet die wilde Begierde,
Und der seltne Genuß
steigt Euch, wie Wein, in den Kopf.«
Während er also spricht,
durchstöbern eifrige Hunde
Mächtig plätschernd den See.
Ihrem Berufe getreu
Sollen und wollen sie alle
zuerst das Entlein erhaschen,
Das als sein Eigentum
jeder der Schützen begehrt.
Jeder rufet: »Apporte!«,
damit nur niemand bezweifle,
Er, der Rufer, allein
habe den Vogel erlegt.
Doch auf einmal erhebt sich
ein silberfarbiger Reiher,
Kaum dem Nest entflohn,
das ihn so mütterlich barg.
Ängstlich bewegt er die langsamen Schwingen,
dem Tod zu entrinnen.
Ach, die Flinten sind leer,
eine nur donnert ihm nach.
Tödlich erschreckt ihn der Knall
und der Schrote grimmiges Pfeifen;

Heulend sausen sie ihm
dicht am Steiße vorbei.
Und er läßt in der Angst
die langen Stände herunter,
Mit etwas andrem noch,
das in der Angst ihm entfällt.
»Seht Ihr den herrlichen Schuß?
Fallen muß er gewiß!
Ja, er fällt. ich wette darauf;
ihm sind ja die Läufe
Ganz zerschossen, er fliegt
gar zu erbärmlich, der Storch.
Und die Federn, saht Ihr sie nicht?
Sie fielen vom Schwanze
Augenscheinlich herab;
meisterlich traf ihn der Schuß.«
Doch es erhebt sich darob
ein ungeheures Gelächter,
Und an dem Ufer hinab tönet es:
»Diener, Herr Storch!«
Storch wird er von nun an genannt,
der ehrliche Rektor;
Ja, es bleibe dabei,
ewig heißt er der Storch.
Also ruft man und spottet sehr
des betroffenen Schützen.
Doch der Reiher schwebt
hoch in den Lüften daher.
Nicht mehr hangen die Stände herab,
auch sieht man der Federn
Keine mehr fallen;
es waren jene besonderer Art.
Wild und rastlos, dem Rufe des Meisters
nicht mehr gehorchend,
Stürmen indes im Rohr
alle Hunde voran

Gleich den Winden, die Äolus oft
aus der Höhle des Felsen,
Wo sie gefesselt ruhn,
losläßt über dem Meer.
Blässen treiben sie auf,
auch Wasserhühner und Rallen.
Was noch so selten sich zeigt,
heute muß es heraus.
Fliegen muß alles, was Flügel hat,
hier nützet kein Weigern,
Denn der wilde Schwarm tobt
wie das wütende Heer.
Plötzlich steigt aus dem Schilf
ein unbekanntes Gefieder,
Braun und gelb gefleckt,
nur der Scheitel ist schwarz.
Reiherartig hängen
die grünen Beine herunter,
Und der schwere Flug
trägt nur langsam ihn fort.
Bald verkündet ein lautes Geschrei
der Schützen den Fremdling,
Der mit Mühe nur
über die Weiden sich schwingt.
Schüsse donnern. Er fällt;
da ruft der gesprächige Förster:
»Eine Rohrdommel ist's;
kennt Ihr den Schreier denn nicht,
Der in der Stille der Nacht
durch dumpfes häßliches Brüllen
Weit die Gegend erfüllt
und den Wanderer schreckt?
Alles spießt er mit spitzigem Schnabel,
die Speise durchbohrend,
Wie jener stattliche Storch,
den der Magister erschreckt.«

Alle lachen und kehren nun heim,
von Möwen begleitet,
Deren schwankender Flug
manchem sein Pulver entlockt.
Plötzlich bleibt der Rektor stehen
und fragt die Gefährten:
»Ei, was schimmert denn dort
auf dem Spiegel des Sees?
Hoch erhebt es den schlanken Hals,
es wendet den braunen
Wunderbarlichen Kopf,
mit einer Haube gezieret,
Kecklich herum, die drohende Schar
der Feinde betrachtend,
Und die weiße Brust
glänzt wie ein silberner Schild!«
Um sich allein den Ruhm
der herrlichen Tat zu erwerben,
Schießt er hurtig hinein,
doch ihm blühet kein Glück.
Ehe sein Blei das Ziel noch erreicht,
ist der Vogel verschwunden,
Doch erscheinet er bald
wohlbehalten und frisch
Unweit der ersten Stelle.
Nun wird von neuem geschossen,
Aber bei jeglichem Knall
taucht er schnell in den See,
Und es wird vergebens
nach ihm so lange gefeuert,
Bis das Pulver und Blei
in den Taschen vergeht
Wie ein Schneelein im März.
»Ihr macht da schlechte Geschäfte«,
Ruft der Förster, »und quält
recht vergebens Euch ab!

Der Anstand auf wilde Enten

Nimmer reicht bis zur Mitte des Sees,
Ihr eifrigen Jäger,
Euer Schuß, das ist
ein vergeblicher Wunsch.
Oft schon hab' ich's versucht;
doch nimmer ist's mir gelungen.
Auch ist der Vogel für Euch
kein erwünschtes Gericht.
Laßt den Burschen in Ruh,
das ist ein türkischer Taucher***,
Euer Christenblei trifft
diesen Zauberer nicht.«
Lachend sagt er's und winket zugleich
der geschäftigen Hausfrau,
Die in der Türe steht,
daß sie bereite das Mahl.
Fröhlich reihen sie sich
an der wohlgeordneten Tafel,
Reich mit Speisen besetzt
und mit kühlendem Trank.
Alles Wild, das nun noch erscheint,
wird wacker getroffen,
Und es eilt der Pokal
fleißig im Kreise herum.
Auch wird des Storches oft noch gedacht
und der weißlichen Federn,
Die bei des Rektors Schuß
er vom Steiße verlor.
Schon vereinen die Spötter sich,
ihn aufs neue zu necken,
Daß er des Reihers Pedal
hängende Läufe genannt.
Und es erhebt sich ein arges Gelächter,
da einer der Gäste
Rufet, ein Glas in der Hand:
»Vivat! Es lebe der Mann,

Der dem Reiher die Federn zerschoß,
der wackre Magister,
Dessen Meisterschuß
mehr als wir alle getan!
Dreimal hoch soll er leben!
Als unvergeßliches Denkmal
Schmücke künftig
ein Busch solcher Federn sein Haupt!
Reiherfedern waren
ja immer der Krieger aus Osten
Schönster, köstlichster Schmuck,
sind es bis heute noch.
Drum so darf ein germanischer Held
wohl auch seinen Scheitel
Zieren mit solchem Schmuck,
wenn er ihn selbst sich errang.«
Also wechseln sie viel
der scherzhaft neckenden Reden,
Bis endlich spät in der Nacht
freundlich am Himmel der Mond
Hinter den Bergen herauf
sich zu den Sternen gesellet
Und vom frohen Gelag
nun der Schwarm sich erhebt.
Fröhlich wandern sie Paar und Paar
den Hügel hinunter,
Rühmend in lautem Gespräch
die genossene Lust.
Horch! Da flötet auf einmal
ein Zauberton aus der Eichen
Düsterem Dunkel herauf,
der wie mit Himmelslust
Ihre Herzen erfüllt.
Sie stehen bezaubert und lauschen
Noch dem letzten Akkord,
als das Rätsel sich löst.

Hörner sind es. Es hat
der alte Förster die Söhne
Heimlich gesandt in den Wald,
daß durch holde Musik
Er den Scheidenden noch
die letzte Stunde versüße,
Ehe das Weichbild der Stadt
von seinem Forste sie trennt.
Jubelnd rufen sie noch
aus weiter Ferne dem biedern
Alten ein Lebewohl,
wie es dem Herzen entquillt,
Wenn es voll ist des Dankes
und süßer froher Erinnrung.
Und dann schreiten sie rasch
in die entschlummerte Stadt,
Klopfen lange vergebens
am fest verriegelten Tore,
Bis der Wächter zuletzt,
halb noch schlafend, erscheint,
Brummend den Riegel zurückschiebt,
zugleich begehrend die dürre,
Kalte, knöcherne Hand
ihnen entgegenstreckt,
Daß sie reichlichen Lohn
so später Störung erfasse.
Und sie geben gern,
mehr als der Alte gehofft,
Eilen dann auf mancherlei Wegen
nach ihrer Behausung,
Und noch im Traume beglückt
jeden der fröhliche Tag.

* Plänken sind schmale Pfade, die man aushauen läßt, um darauf hinschießen zu können.
** *Turdus arundinaceus,* die Rohrdrossel, singt sehr laut.
*** So nennen die meisten Jäger den gehäubten Steißfuß, *Podiceps eristatus.*

27.

Alter Weidspruch

Willst Du, o Jägersmann, viel Wasservögel schießen,
So nimm Dich wohl in acht, sie sind voll arger List;
Laß keine Mühe Dich und keinen Gang verdrießen,
Du richtest wenig aus, so Du nicht fleißig bist.
Ein Weidmann, der sich gleich ob jeder Müh' beschwert,
Ist — Freunde, glaubt es mir! — ist keinen — Heller wert.

28.

Hörnergruß

Selbst der wankende Greis
mit den längst verblichenen Locken,
Den sein matter Fuß
kaum am Stabe noch trägt,
Rasch, wie ein Jüngling, erhebt er
das Haupt, es leuchtet sein Auge,
Wenn ihn des Hörnergetöns
magischer Zauber ergreift.

29.

Reiz der Schnepfenjagd

Und wie reizt mich am stillen Ried
der kreischenden Schnepfen
Rastlos schwankender Flug,
der wie ein Hauch sie entführt!
Nicht des Laien unsichere Hand
vermag ihn zu hemmen,
Aber des Meisters Rohr schneidet
wie Fäden ihn ab.

Die Jagd mit dem Stöberhund auf Fasane

30.

Was gleicht wohl auf Erden dem Jägervergnügen?

Was gleicht wohl auf Erden dem Jägervergnügen?
Wem sprudelt die Quelle der Freuden so rein?
Mag mancher im Arme der Wollust sich wiegen –
Ich will in den Wäldern der Jugend mich freun.
Trinkt, Brüder, der holden Diana zu Ehren,
Die freundlich den Weg mir mit Blumen bestreut!
Nie wird mich das Gold, nie die Ehrsucht betören,
Denn ihr ist mein Herz und mein Leben geweiht.

31.

Epistel an Herrn v. Klipstein zu Darmstadt

den Präsidenten des
Großherzoglich hessischen Oberforst-Collegiums,
zum Andenken an dessen
fünfzigjähriges Dienst-Jubiläum

Das Leben eilt mit seinen flücht'gen Stunden! –
Ich bin aus jenem Kreise heimgekehrt,
Wo ich, weit über mein Verdienst geehrt,
Den allerfreundlichsten Empfang gefunden,
Wie ich ihn nie erwartet noch begehrt. –
Es ist erfüllt, mein sehnlichstes Verlangen,
Ich habe dort den schönsten Tag begangen,
Den Deines Jubelfestes, edler Mann!
So nimm denn nochmals meinen Glückwunsch an!
Nicht jener Jupiter, vor dessen Thron die Hasen
– Ach, vor wie langer Zeit! – einst die Supplik verlasen,
Durch die ich Deine Freundschaft mir gewann,*
Nein, unser Gott, der noch am Ziel des Lebens
Gesundheit Dir und frohen Mut verleiht
Und rasche Geisteskraft, die nicht vergebens
So rastlos sich dem Wohl des Landes weiht,
Erhalte Dich uns noch für lange Zeit,
Gesund, vergnügt, in voller Tätigkeit!
Mit tausend Blumen sei Dein Weg bestreut!
Du weißt, daß längst schon meine Lieder schweigen,
Daß meine Lyra stumm im Winkel liegt

(Seitdem die Haare meines Hauptes bleichen,
Des Auges einst so scharfer Blick mich trügt
Und Altersschwäche meine Kraft besiegt).
Doch einmal noch ertönen meine Saiten
Für Dich, o Freund, und Deinen Ehrentag,
Wie jeder wackre Mann ihn feiern mag,
Den Fürst und Vaterland so hoch wie Dich verehren.
Ward mir's auch schwer, ein volles Glas zu leeren,
So setz' ich doch den silbernen Pokal**
Noch einmal in Gedanken an die Lippen,
Um auf des bravsten Mannes Wohl zu nippen.
Auch lebe hoch Dein wackres Personal,
Von fern und nah versammelt, seines teuern,
Verehrten Vorstands Jubelfest zu feiern,
Wobei man auch aufs Wohl der Bayern trank.
Und auf das meine! So empfangt denn meinen Dank!
Ich säume länger nicht, ihn darzubringen,
Denn neulich hätte meine Stimme nicht
Vermocht, die weiten Räume zu durchdringen,
Und doch erfüll' ich gern die mir so süße Pflicht.
Mein Lebehoch soll nicht so schnell verklingen,
Drum send' ich jedem, der mit angestoßen hat,
Zur dauernden Erinnrung dieses Blatt. –

* Zur Verständigung dieser Stelle muß hier angeführt werden, daß der Jubilar während des Festmahles auf die herzlichste Weise sich eines vor vielen Jahren unter der Aufschrift: »Bittgesuch der Hasen an Jupiter« von mir gelieferten Gedichtes erinnerte, welches ihm besonders gut gefallen hat.

** Ein sehr schöner Kelch in getriebener Arbeit, der nach dessen feierlicher Überreichung als Ehrengeschenk, mit Champagner gefüllt, die große Runde machte.

Die Suche auf Rebhühner mit dem Hühnerhund

32.

Erfahrungen

Entenjagd

Hoch in den Lüften seh' ich einen Schwarm
Von wilden Enten raschen Fluges streichen,
Vergebens zuckt der Zwilling mir im Arm,
Kaum eine Kugel würde sie erreichen!

Jagd auf wilde Gänse

Wohl seh' ich sie in langgedehnten Zügen
Hoch über mir am Saum der Wolken fliegen,
Und kraftlos rauscht das sonst so sichre Blei
Mit mattem Flug an seinem Ziel vorbei. –

Jagd auf Bekassinen

Wie vom Bogen der Pfeil, so eilt der flüchtigen Schnepfen
Rastlos schwankender Flug über dem Moore dahin!
Nicht des Laien unsichres Geschoß vermag ihn zu hemmen,
Aber des Meisters Hand schneidet wie Fäden ihn ab.

Feldhühnerjagd

Wie so traulich sitzen sie noch im Weizen beisammen!
Ach, sie ahnen es nicht, welch ein Geschick sie bedroht.

Feldhühnerjagd

Heut' will ich suchen, morgen geht's ans Treiben,
Und übermorgen winkt der Vogelherd.
O könnt' es Herbst im ganzen Jahre bleiben!
Dann hätt' ich alles, was mein Herz begehrt.

Fuchsjagd

Schleichend windet er sich,
gleich Schlangen, in dunklem Gebüsche,

Dessen Schatten ihn deckt,
leise den Hügel hinan!

Fuchsjagd

Wer streckt sein rotes, tückisches Gesicht
Dort aus des Waldes grünbelaubten Hallen?
Verruchter Räuber! Nähere Dich nicht,
Du würdest in die Hand des Rächers fallen.

33.

Zu der Resignation eines alten Weidmannes

*Eine Art von Selbstgespräch in oberbayerischer Mundart**

Was tuast denn gar so jammera,
Du alter Nimmersatt?
Hast ebba in dein Leb'n
Nit gnuag zu jaag'n g'hatt?
Was ko der's denn wohl nütza,
Wannst fortbrummst wie a Bär?
Mags noch so viel di krenka,
Es tuat's halt nimmermehr!
Es is a neii Modi
In Deitschland allweil dro;
Mit'r Nod'l am Pulverhörn'l
Spißt mer jetzt Käfern o,
Und Bir'n tuat mer troog'n,
Die baumeln auf dem Ruck.
Und han, mein Sel', a Mindung
Wie a Sechspfinderstuck!
Von Kuagln ist nix vorhand'n
In so an weiten Rohr;
Da schaug'n nur Blumastengeln
Und hunnert Schwemm hervor!
Un auf der andern Seit'n,
Was troagt mer unter'n Arm?
A Buch mit gselchti Pflanzerln;

Ach! Daß sie Gott erbarm!
So schaugt's aus heit zu Tage
Mit unsre Jaagerei!
Dees Gspiel is gar und abi,
Die Lust is all vorbei!
Nu, soag: woas magst noch woana?
'S is ja der Mih nit wert;
Drum leg di liaba schloaf'n,
Wie's alti Greis'n gheert!

* Ad modum Francisci a Kobell.

ebba = etwa   Bir'n = von Blech zum Botanisieren
geselchti = getrocknete   schaugt's aus = aussehen
dees Gspiel = die Freude   abi = aus   woana = weinen
liaba = lieber

34.

Erwiderung

Was hör' ich? Welch ein unbekannter Klang
Tönt aus dem fernen Gau zu mir herüber?
Ich lausche! Bald erheitert sich mein trüber,
Umwölkter Blick! Willkommener Gesang,
So lange schon in meinem Ohr verklungen,
Du weckst die süßesten Erinnerungen
An einen Freund, der längst von mir getrennt,
Nun endlich wieder meinen Namen nennt!
Vorüber sind sie, jene frohen Stunden,
Wo wir so oft, das Doppelrohr im Arm,
In flücht'gem Lauf umschwärmt von unsern Hunden
— Der Geist so heiter und das Herz so warm —
Auf wilderfüllten Fluren uns gefunden.
Sie ist vorüber, jene Herrlichkeit,
Das Heiligtum, an dem wir uns erfreut,
Seit langer Zeit so schmählich schon entweiht,
Selbst für die Niedrigsten nicht mehr verschlossen. —
O bittre Schmach! O schmerzenvolle Zeit!
Wie viele Tränen sind seitdem geflossen!
Nur leise zittert noch in unsrer Brust
Das Bild der einst so oft genossnen Lust!
Der alte Weidmann mit den ernsten Zügen,
Dem Du so freundlich Deine Lieder weihst,
Den Fingal jetzt nur selten noch umkreist,
Ihn wird die Last der Jahre bald besiegen.

Ein leiser Nachklang der Vergangenheit,
Ein flücht'ger Schatten nur ist noch sein Leben,
Nach einem höhren Ziele geht sein Streben,
Doch vor dem Heimgang in das Friedensland
Drückt er noch einmal herzlich Dir die Hand.

Die Suche mit dem Hühnerhund auf Waldschnepfen

Nachwort

Es gibt kaum einen deutschen Jäger unserer Tage, dem der Name *Carl Emil Diezel* nicht geläufig wäre. Schon der Jungjäger bringt mit ihm ein lehrhaftes Buch über die Niederjagd in Verbindung, ohne jedoch Näheres über ihn sagen zu können. Das Bild dieses Mannes ist, wo immer man nach ihm fragt, blaß, nebelhaft und verschwommen. Hier Klarheit zu bringen, Lücken zu füllen und Versäumtes nachzuholen, dürfte zu den vordringlichsten Aufgaben einer auf das Geschehen unserer Zeit ausgerichteten jagdhistorischen Forschung gehören.

Das Jahr 1979 bietet dazu einen natürlichen Anlaß: Vor zweihundert Jahren, am 8. Dezember 1779, wurde *Carl Emil Diezel* in Irmelshausen in Oberfranken geboren.

Die Wiederkehr seines 200. Geburtstages sollte nicht vorübergehen, ohne der Leistungen eines der bedeutendsten deutschen Jagdschriftsteller zu gedenken, des Mannes, der dank seines Wissens, seiner kritischen Stellungnahme zu Tagesfragen und seines klaren Urteils das Bild des deutschen Niederwildjägers in der ersten Hälfte des vorigen Jahrhunderts, einer Zeit der Ablösung feudaler Formen, der Verbürgerlichung und des sozialen Umbruchs, entscheidend geprägt hat. Er erfreute sich unter seinen Zeitgenossen eines so ungewöhnlichen Ansehens, daß sein Wort geradezu normativ wirkte.

Seine Person vereinigte in glücklichster Form Qualitäten, die nur selten in solcher Ausprägung zusammenkommen: eine zuverlässige klassische Bildung — als er im hohen Alter seinen Lebenslauf schrieb, bediente er sich der ihm völlig geläufigen lateinischen Sprache —, eine gute Kenntnis des in- und ausländischen zeitgenössischen Fachschrifttums und ein einmaliges praktisches Wissen, auf das er sich mehr als auf alles andere verließ. Die Vertrautheit mit der Jagd, dem Wild und dem Naturgeschehen auf Grund eigener Erfahrung, über die er in höherem Maße als nahezu alle deutschen Jagdschriftsteller vor ihm verfügte, bildete die Grundlage für seine dominierende Stellung als Fachmann, die er schon zu Lebzeiten erwarb.

Wer in *Carl Emil Diezel* nur den Verfasser der 1849 in erster Auflage erschienenen *Erfahrungen aus dem Gebiete der Niederjagd* sieht, weiß wenig von ihm. Dieses Buch ragt wie die Spitze eines Eisbergs im riesigen Ozean der weltweiten Jagdliteratur heraus, läßt jedoch nicht erkennen, daß hinter dieser Altersleistung ein großes schriftstellerisches Werk von mehr als hundertfünfzig weit verstreuten Publikationen steht, die heute kaum jemandem mehr ein Begriff sind.

Man muß sie alle gelesen haben, um zu erkennen, wer *Carl Emil Diezel* wirklich war, wie er wuchs, welche Phasen sich in seiner Entwicklung abzeichneten und warum er zu jenem Ansehen gelangte, das auch nach seinem Tode nicht unterging, als längst andere sachkundige Leute sich für ihre eigenen Ausführungen seines Namens bedienten, eines Namens, der seit über hundert Jahren als Begriff des zuverlässigen Sachkenners auf dem Gebiete der Niederjagd schlechthin gilt.

Daß dieser Mann auch Gedichte schrieb und veröffentlichte, ist weithin unbekannt. Sie sind – bisher noch nie gemeinsam publiziert – in dieser kleinen Sammlung zum ersten Mal vereint. Auch wenn mit einiger Sicherheit angenommen werden kann, daß die hierzu geleisteten umfangreichen Vorarbeiten das ganze dichterische Werk *Diezels* zum Vorschein gebracht haben, ist nicht auszuschließen, daß noch irgendwo ein weiteres Zeugnis seiner Liebe zur Poesie zu entdecken ist.

Das Gesamtbild jedoch, das sich schon heute klar abzeichnet, wird dadurch kaum eine Korrektur erfahren.

Versetzen wir uns einen Augenblick in die Tage zurück, in denen *Carl Emil Diezel* zur Feder griff. Er wurde in eine Zeit hineingeboren, in der – den revolutionierenden Wirkungen der Aufklärung in der deutschen schöngeistigen Literatur vergleichbar – das deutsche jagdliche Schrifttum auf dem soliden, aber schwerfälligen barocken Sockel eines *Flemmings* (1719/1724), eines *Döbels* (1746) und der beiden *Heppes* (1751 und 1763) aufbauend einen unvergleichlichen Aufschwung nahm, der sich in seiner Einmaligkeit bis zum heutigen Tage nicht wiederholt hat.

Es handelt sich um eine Periode, die mit *Friedrich Ernst Jester* (1793) begann, in *Johann Matthäus Bechstein* (zwischen 1789 und 1822) einen Mittler zwischen Altem und Neuem fand, mit *George Franz Dietrich aus dem Winckell* (1805/1806) und *Georg Ludwig Hartig* (1811) den Durchbruch vollzog und, über Jahrzehnte sich fruchtbar fortsetzend, mit Männern wie *Carl Emil Diezel* (1821/1823 und 1849) und *Louis Ziegler* (1846) zu Ende ging. Diese wenigen Namen stehen hier nur stellvertretend für die Vielen, die in der ersten Hälfte des neunzehnten Jahrhunderts die Grundlagen der deutschen Jagdwissenschaft gelegt haben.

Dieser Zeitabschnitt zeichnete sich zudem durch etwas aus, für das es im deutschen jagdlichen Schrifttum keine Parallele gibt: Er brachte uns die Geburt des deutschen Jagdgedichtes, das eine viel eindrucksvollere Sprache zu sprechen vermag als die meisten der soeben erwähnten didaktischen Abhandlungen. In ihm offenbaren sich die Gefühle des einzelnen zur Jagd, sein Verhältnis zum Tier, seine Naturerlebnisse, seine Ergriffenheit und seine ethische Auffassung — all das, was in einer didaktischen Abhandlung entweder überhaupt keinen Platz hat oder nur vage durchschimmert.

Es war die Zeit der Almanache, der kleinen gesprächigen jagdlichen Taschenbücher mit ihrer Neigung zum Außergewöhnlichen, Absonderlichen oder Anekdotischen. Man sprach in ihnen leichter, weniger dozierend, nicht so autoritär wie die Götter des Fachs, man plauderte zusammen — und man dichtete. Man huldigte einer Kunst, die unterhaltsam und lehrreich zugleich war, und brachte eine von der Germanistik bisher unbeachtet gebliebene Literatur hervor, die ich »Fachpoesie« nennen möchte — in Anlehnung an den heute geläufigen Begriff »Fachprosa«.

Sechs Jahrzehnte, von 1790 bis 1850, sind die hohe Zeit der deutschen Jagdpoesie. Natürlich baute sie auf eine gewisse Tradition auf, doch kannte diese weder Höhepunkte noch Individualität und war im wesentlichen vom Charakter des Volksliedes bestimmt. Die Entdeckung eines neuen Naturgefühls, wie es — von Rousseau der Welt nahegebracht — in der Zeit der Aufklärung auf fruchtbaren Boden fiel, stand auch Pate bei der Geburt des deutschen Jagdgedichtes.

An der Spitze dieser Entwicklung haben wir den später zu hohen Ehren gekommenen kurhessischen Oberforstmeister *Ludwig C. E. H. F. von Wildungen* (1754 bis 1822) und den mit ihm befreundeten Waldeckischen Regierungsrat *Philipp Ludwig Bunsen* (1760 bis 1809) zu sehen, die durch die Form der Darbietung in kleinen kalenderähnlichen Jahrbüchern dem so beinharten jagdlichen Fachschrifttum die zuvor nicht gekannte Note des Leichten, Amüsanten und Beschwingten gaben. Man schrieb sachlich, aber heiter; anspruchsvoll, jedoch nicht anmaßend; unterhaltend statt langatmig und trocken. Mit einem neuen Geist feierte auch ein neuer Stil seinen Einzug. Die Zahl derer, die zum Kreis der neuen jagdlichen Lyrik gehörten, ist groß, fast nicht überschaubar, ihr Wert aber ist ganz in Vergessenheit geraten. *Wildungens* Name mag vielleicht noch bis in unsere Zeit herüberklingen, doch bereits *Bunsens* reizende Gedichte, die niemals gesammelt wurden, sind unbekannt, und von denen, die diesen beiden gedichteschreibend nachfolgten, wissen wir – von wenigen Ausnahmen abgesehen – kaum noch etwas. Höhepunkte bildeten Graf *Waldersees* »Jäger« (1805) und *Bornemanns* »Humoristische Jagdgedichte« (1855). Mit *Heinrich Laube* und *Franz von Kobell* ging diese große Zeit zu Ende.

Doch diese wenigen herausgestellten Namen verleiten fast zu einer Fehleinschätzung, denn eigentlich dichtete jedermann. Man drückte das, was man sagen wollte, nicht nur in Prosa, sondern oftmals in poetischer Form aus. Und dies galt keineswegs nur für einige wenige, die sich mit Lust und Freude der gebundenen Sprache bedienten, sondern auch für Menschen, denen scheinbar die ganze Trockenheit des Gefühls aus den Augen sprach. Die deutschen jagdlichen Journale dieser Zeit sind durch die Fülle der Gedichte gekennzeichnet, mit denen die Leser angesprochen wurden und in denen sie sich – wie die zahlreichen auf diese Weise geführten Zwiegespräche zeigen – auch unterhielten.

In diese mit wenigen Strichen gezeichnete geistige Welt sah sich *Carl Emil Diezel* hineinversetzt, als er erstmals zur Feder griff, um sich zu Wort zu melden. Und dies geschah – man möchte fast fragen, wie könnte es anders gewesen sein – in Form eines kleinen Gedichtes. Der Jüngling stellte sich als »Junker Hans« mit einer etwas elegischen Grabschrift (1) vor, mit der er schon ans Sterben dachte, ohne auch nur gelebt zu haben.

Die 34 Gedichte Diezels, die wir kennen, zerfallen in drei Schaffensperioden und sind weitgehend Ausdruck seines jeweiligen Lebensalters und seiner Gemütsverfassung. Sie wurden nicht nur ihres literarischen Wertes wegen zusammengetragen und erneut veröffentlicht, sondern in der Absicht, das Profil jenes Mannes schärfer zu zeichnen, dem durch seine didaktischen Prosaschriften seit langem ein fester Platz in der Geschichte der deutschen Jagdliteratur gehört.

Nicht weniger als 19 Gedichte stammen aus der kurzen Zeit vom Anfang des Jahres 1806 bis zum Frühjahr 1808, sind also innerhalb der zwei Jahre gedruckt worden, in denen ihm sein väterlicher Freund *Georg Ludwig Hartig* die Spalten des von ihm begründeten *Journals für das Forst- Jagd- und Fischereywesen* in so großzügiger Weise öffnete, daß man oftmals glauben möchte, der junge *Diezel* sei der eigentliche Redakteur dieser vielseitigen, aber leider nur kurzlebigen Zeitschrift gewesen.

Diese ersten 19 Jugendgedichte, die hier wie alles, was *Diezel* in Versform geschrieben hat, in der zeitlichen Reihenfolge ihres Entstehens gebracht werden, sind Ausdruck der Kraft und Lebenslust eines Zwanzigjährigen, eines jungen Mannes, der sich als Lautensänger fühlt und unbefangen ausspricht, was er empfindet, der an die Ereignisse des Tages anknüpft, sie zu einer munteren Erlebnisschilderung zusammenbindet und das Ganze vor den Hintergrund einer alles an Schönheit übertreffenden Natur stellt. Man fühlt: er ist jung, unbeschwert, übermütig und verliebt, mitunter – selbst beim Reimeschmieden – etwas leichtfertig. Sehr persönliche Äußerungen fließen ein. Er betont, noch unverheiratet zu sein, und freut sich seiner Freiheit.

Sein Glaube an sich selbst und eine hilfreiche Welt drückt sich deutlich in der Unbefangenheit aus, mit der er sich den beiden Meistern seiner Zeit, *Wildungen* und *Bunsen*, nähert, offensichtlich beeindruckt von deren Leistungen und willens, ihnen nachzufolgen, von ihren Antworten aber gewiß enttäuscht. Der konservative *Wildungen* bleibt distanziert und begründet zeit seines Lebens kein enges Verhältnis zu diesem mutig-dreisten Naturburschen – was *Diezel* übrigens bis in sein hohes Alter hinein nicht hindert, ihn als einen der besten Kenner des Jagdwesens zu verehren. *Bunsen* zeigt sich verbindlicher, läßt es aber, seinem ganzen Wesen entsprechend, auch nicht zu einer persönlichen Begegnung oder gar zu einer engen Freundschaft kommen. Diejenigen dagegen, denen *Diezel* Entscheidendes verdankt, *Georg Ludwig Hartig* oder seinen treuen Freund und Mitstreiter *George Franz Dietrich aus dem Winckell*, finden wir nicht besungen.

Verständlicherweise wird in diesen Jugendgedichten die Natur etwas zu harmonisch, zu rosig gesehen: *Diezel* fühlt sich von ihr in Bann geschlagen und läßt sich von diesem Gefühl tragen. Seine Welt ist vorläufig die Welt des Idylls und der Harmonie, das Problematische bleibt ausgespart. Dabei kommt immer wieder eines zum Vorschein: sein fester Glaube an die Kraft seiner Göttin Diana. Es gibt kaum ein Gedicht *Diezels* – und das gilt bis ins hohe Alter –, in dem der Göttin nicht gedankt, nicht Ehre und Ruhm gespendet wird. »Dir, o Diana, weih' ich meine Lieder« (4), »Nicht um der Könige schweres Gold möcht' ich, o Diana, Dich lassen« (5), »*Die* Göttin nur ... ist meine Göttin« (11) – so tönt es durch alle seine Lieder. Diana verzaubert den Dichter, sie hilft ihm und beschirmt ihn, sie ist eine mächtige Fee, sie schützt das Wild, wenn es in ihrem Sinne steht, und teilt die Beute gütig aus. Fast vorwurfsvoll fragt er *Wildungen*, der sich früh ein einsames Grab im Walde bestellt hatte, »Reizt Dich nicht ... Dianens Zauber?« (8) und an sie selbst gewandt fährt er fort »ich flehe ... Göttin, Dich um den Geliebten an«. Dieser feste Glaube vieler Jäger an die Größe und an die Huld der Diana ist eine der bemerkenswertesten Erscheinungen in jener Zeit, in der auch *Diezel* wirkte.

Diezels Gedicht-Veröffentlichungen hören auf, als das von ihm betreute Journal durch *Hartigs* Übersiedelung von Dillenburg nach Stuttgart im Sommer 1808 eingeht. 1806 nimmt *Diezel* eine Stellung als Lehrer an der von *Cotta* begründeten forstlichen Lehranstalt in Zillbach an und wechselt 1809, als *Cotta* nach Tharandt berufen wird, nach Würzburg über, wo er ein für das Forstfach ausgeschriebenes Examen als Bester besteht und als Forstsekretär in großherzogliche Dienste tritt. *Diezels* Sturm- und Drangjahre sind zu Ende – er leidet unter der lehrreichen, aber revierfremden Tätigkeit in der Kanzlei, bis er endlich 1813 zum großherzoglichen Forstinspektor, später – nach dem Übergang Würzburgs an Bayern – zum kgl. bayerischen Revierförster in Röthlein am Main bestellt wird.

Hier setzt die zweite Periode seines dichterischen Schaffens ein, die das Jahrzehnt von 1815 bis 1825 umfaßt. Bis zu diesem Zeitpunkt scheint *Diezel* völlig geschwiegen zu haben. Denn als er sich wieder meldet und nunmehr für kurze Zeit die *Zeitschrift für das Forst- und Jagdwesen in Baiern* zu seinem Sprachrohr wählt, präsentiert er der Öffentlichkeit, bei der sein Name bereits einen guten Klang hat, nur ein »Fragment aus einem noch ungedruckten Gedicht«, das »Die Jahreszeiten« betitelt und wiederum »An Diana« gerichtet ist. Es beginnt mit den Versen:

Einmal noch, o reizende Göttin, laß mir gelingen,
Was ich so lange schon schweigend im Busen trug!
Nur dies einzige Lied, mein letztes, laß mir gelingen,
Dir sei es dankbar geweiht. Es ist mein Schwanengesang.

Nun, *Diezels* wirklicher Schwanengesang erfolgt mehr als vier Jahrzehnte später, aber an seinem Lebensschicksal gemessen leitet dieses Gedicht tatsächlich die letzte Phase seines dichterischen Schaffens ein. Natürlich will die Öffentlichkeit von einer solchen Äußerung nichts wissen. Der Herausgeber der *Zeitschrift für das Forst- und Jagdwesen in Baiern* (III, 180) fragt ihn »Warum, lieblicher Sänger, willst Du unsere Freude, Dich endlich wieder mit Deinem holden Liede zu vernehmen und uns hieran zu ergötzen, mit einem bloßen Fragment abfertigen?« und bittet ihn, bald mehr als dieses Bruchstück zu liefern. Seine Worte machen deutlich, daß *Diezel* in der Tat seit Jahren nichts von sich hatte verlauten lassen, daß jedoch die Erinnerungen an seine ersten Veröffentlichungen nicht verlorengegangen waren. Es gibt keine Anzeichen, daß das Gedicht »Die Jahreszeiten« jemals über diese einleitende Hymne an Diana hinausgewachsen wäre, wenngleich wir sagen dürfen, daß kaum ein anderer die Freuden der Jagd im jahreszeitlichen Geschehen besser hätte besingen können als *Carl Emil Diezel.*

In diese zweite Schaffensperiode fallen 11 Gedichte, wenn wir einige in größere Prosastücke eingebettete Verse selbständig zählen – im ganzen gesehen ein bescheidenes Werk für ein Jahrzehnt. Wieder versucht *Diezel* sich mit den Worten des Dichters einem Zeitgenossen zu nähern, diesmal dem kgl. preußischen Oberforstrat *F. W. L. Pfeil*, dem gefürchtetsten Kritiker seiner Zeit, einem mißmutigen, ständig übelgelaunten und streitbaren Mann, der in der ihm eigenen sauertöpfischen Art – freilich auch in Gedichtform – antwortet. Bei *Diezel* hingegen kommt in dieser Zeit mehrfach ein gesunder Humor zum Vorschein, so in seinem ebenso geistreichen wie spaßigen Gedicht »Apologie der Papierpfropfen«, das in seinem Einfallsreichtum und seiner »weltbürgerlichen Gesinnung« zum Besten gehört, was er geschrieben hat. Seine Gedichte sind straffer geworden, der Versfuß ist sorgfältiger beachtet, der Inhalt stärker präzisiert. Ihr Verfasser macht sich mehr Mühe mit seinen Werken als in den Jugendjahren, in denen manches heraussprudelte, was besser hätte formuliert werden können. Fünf seiner Jugendgedichte werden in dieser Zeit überarbeitet und in neuer Fassung wieder veröffentlicht. Das Wort ist gereifter und kontrollierter. Was der Kritik nicht standhält, wird getilgt.

Diezel – ruhiger und sicherer geworden – hatte wohl auch erkannt, daß seine echte Stärke im jagdlichen Prosastück lag. Er bereitet in diesen Jahren seine 1821 und 1823 in zwei Teilen erscheinenden *Fragmente für Jagdliebhaber* vor und kündigt 1823 in einem *Anweisung zum Betriebe der Entenjagd* betitelten Aufsatz erstmalig »ein größeres Werk über die deutsche Jagd« an. Noch ein volles Vierteljahrhundert sollte vergehen, ehe er 1849 dieses Versprechen mit dem Erscheinen seiner *Erfahrungen aus dem Gebiete der Niederjagd* einlösen konnte.

1825 hören *Diezels* Lieder abrupt auf. Das einzige Gedicht, das noch 1826 – nicht als Neuschöpfung, sondern in einer überarbeiteten Fassung – erscheint, ist sicherlich weit früher abgeliefert worden. Dies ist kein Zufall, denn das Jahr 1825 bringt den Tiefpunkt seines Lebens: Er trennt sich nach unglücklichen und ihn tief verletzenden Vorkommnissen von seiner Frau und beginnt nach einer rasch vollzogenen Versetzung ein neues Leben in Kleinwallstadt unweit Aschaffenburg. Das wenige, was aus dieser Zeit stammt, fassen wir als das dichterische Werk der dritten Periode zusammen.

Der alte *Diezel* meldet sich zum Schluß seines Lebens im Laufe eines Jahrzehnts nur noch dreimal in gebundener Rede zu Wort, sehen wir von den kleinen Sprüchen ab, die er einzelnen Kapiteln seiner *Erfahrungen* mit auf den Weg gibt. Und was er sagt, trägt den Charakter eines Dankes oder einer Antwort. Der alte Mann spricht nicht mehr aus sich heraus, er läßt sich nur noch vernehmen, wenn es ums Danken oder Abschiednehmen geht. Das Wort ist eher noch gestraffter, noch ausgewogener als zuvor. In ihm brennt noch die gleiche Glut wie in den Jünglingsjahren, aber die Erfahrungen eines langen und oftmals auch bitteren Lebens haben den Jubel erstickt. So ruft er, von sich selbst sprechend, in seinem letzten Gedicht (34) einem Freund zu:

Ein flücht'ger Schatten nur ist noch sein Leben,
Nach einem höhren Ziele geht sein Streben,
Doch vor dem Heimgang in das Friedensland
Drückt er noch einmal herzlich Dir die Hand.

* Nicht aufgenommen wurden zwei Gedichte und ein Sinnspruch, die *M. Groskopf* (Karl Emil Diezel. Biographie verfasst von M. Groskopf anlässlich der Denkmalweihe am 20. August 1905. Sonderabdruck aus der »Deutschen Jäger-Zeitung« Nr. 37 bis 40 Band 45) *Diezel* zugeschrieben und – leider ohne Quellenangabe – veröffentlicht hat, da Urheberschaft und Entstehungszeit bislang nicht zuverlässig geklärt werden konnten.

Groskopf bezeichnet übrigens in derselben Arbeit die hier gesammelten Gedichte als »Proben trefflicher Poesie«, aber leider »gänzlich verschwunden« (a.a.O., S. 26).

Unberücksichtigt blieben auch kleine, vom Verfasser selbst nicht veröffentlichte Gelegenheitsgedichte, die *Johannes Jäckel* in seinem Nachruf auf *Carl Emil Diezel* (in: *Abhandlungen der Naturhistorischen Gesellschaft zu Nürnberg*. II. Band, Nürnberg 1861, S. 265 ff.) erwähnt.

Das Pirschen der Rehböcke in der Blattzeit

Erläuterungen

Carl Emil Diezels Gedichte erscheinen in dieser Edition in der zeitlichen Reihenfolge ihrer Veröffentlichung. Sie wurden sprachlich nicht verändert, jedoch hinsichtlich Orthographie und Interpunktion überarbeitet und von den Fehlern, die durch Druck oder Versehen entstanden waren, gereinigt. Wenn *Diezel* selbst Anmerkungen machte, blieben diese unverändert erhalten. Einige nicht überall verständliche Wörter der Jägersprache wurden in einem kleinen Glossar am Schluß erklärt.

AFJZ *Allgemeine Forst- und Jagd-Zeitung*, herausgegeben von *Stephan Behlen*, Frankfurt/M. 1825 ff. (Lindner 11.0041.01). Auf den Zählfehler der Jahrgänge 1845 bis 1856 wird ausdrücklich aufmerksam gemacht. Er wurde durch eine zweite, in Klammern gesetzte Ziffer zu korrigieren versucht. Maßgebend für das Zitat ist stets die Jahreszahl.

FJAP *Forst- und Jagd-Archiv von und für Preußen*, herausgegeben von *Georg Ludwig Hartig*, Leipzig 1816 ff. (Lindner 11.0849.01)

JFJW *Journal für das Forst- Jagd- und Fischereywesen*, herausgegeben von *Georg Ludwig Hartig*, Marburg bzw. Stuttgart 1806 bis 1808 (Lindner 11.0843.01)

NZFJ *Neue Zeitschrift für das Forst- und Jagdwesen in Baiern*, herausgegeben von *Behlen*, *Diezel*, *Mayr* und *A. d. Winckell*, Bamberg und Würzburg 1823, ab 1824 als *Zeitschrift für das Forst- und Jagdwesen mit besonderer Rücksicht auf Baiern*, fortgesetzt von *St. Behlen*, Bamberg und Frankfurt (Lindner 11.2307.01)

ZFJB *Zeitschrift für das Forst- und Jagdwesen in Baiern*, herausgegeben von *D. Christian Friedrich Meyer*, München 1813 ff. (fortgesetzt als NZFJ, Lindner 11.2307.01)

1. *Grabschrift auf Junker Hans.* JFJW I, Marburg 1806, 77.

2. *Bittschrift der - - ischen Haasen an Jupiter.* JFJW I, Marburg 1806, 96—100. Wieder abgedruckt im FJAP II, 1, Leipzig 1817, 125—128, wo das Wort - - ischen vor Haasen, das in der Erstveröffentlichung für irdischen gesetzt war, fehlt, so daß hier dieser von *Diezel* selbst vorgenommenen Korrektur gefolgt wurde.

3. *Das Schnepfen-Treiben. Geschrieben am Schnepfen-Sonntag.* JFJW I, Marburg 1806, 227—232.
Das Gedicht erschien erneut sprachlich erheblich überarbeitet im FJAP IV, 1, Leipzig 1819, 167—172. Da ihm *Diezel* selbst diese bessere Fassung gab, wurde sie unserer Edition zu Grunde gelegt. *H. G. von Warburg* übernahm diese auch in seine Anthologie *Das Waldhorn. Eine Sammlung von Jagd-Liedern und Gedichten,* Berlin 1844, 205—209 (Lindner 11.2185.01).

4. *An Diana.* JFJW I, Marburg 1806, 439.
Von der »verhängnisvollen Katastrophe von 1848 im Herzen seines Herzens . . . unheilbar verwundet« bezieht sich *Diezel* in seiner Selbstbiographie nochmals auf dieses Gedicht: »und heute noch (wie vor fünfzig Jahren im Hartigschen Journal), nur freilich mit einem anderen Schlusse, führe ich meinen alten Wahlspruch:
Jung sang ich dir, Diana, meine Lieder,
Drum soll mein letztes auch dein eigen sein,
Und leg' ich nun zum langen Schlaf mich nieder,
So grabt auch Pfeil und Bogen mit mir ein.«
(C. E. Diezels Erfahrungen aus dem Gebiete der Niederjagd, 8. Aufl., Neudamm 1920, XXIV).

5. *Jägerlied.* JFJW I, Marburg 1806, 503/504.
Eines der wenigen datierten Gedichte *Diezels.* In der Veröffentlichung werden für seine Entstehung sowohl *Diezels* Geburtsort Irmelshausen in Oberfranken als auch das Datum vom 18. Juni 1806 genannt.

6. *An Herrn Wildmeister Euler in Zelle.* JFJW I, Marburg 1806, 518/519.
Diezel war 1805/06 für ein Jahr Hauslehrer bei dem als Wolfsjäger berühmten Wildmeister *Euler* in Zell bei Alsfeld in Hessen.

7. *Der Pürschgang.* Ein Gedicht. JFJW I, Marburg 1806, 597—600.
Dieses Gedicht trägt das gleiche Datum wie Nr. 5: »Irmelshausen in Franken, den 18ten Jun. 1806«. Das dem Gedicht zu Grunde liegende Erlebnis muß *Diezel* in der Nähe eines Jagdschlosses *Ludwigs VIII. von Hessen* gehabt haben.

8. *An Herrn Oberforstmeister von Wildungen in Marburg.* JFJW I, Marburg 1806, 628/629.
Dieses Gedicht schrieb *Diezel* während seines Besuches bei seinem Förderer *Georg Ludwig Hartig* (1764 bis 1837) in Dillenburg am 11. September 1806, der zu jener Zeit dort als fürstl. Oranien-Nassauischer

Oberforstrat und Direktor einer Forstlehranstalt wirkte. *Diezel* nahm in seinen Versen Bezug auf *Wildungens* »Exequien eines ächten Forstmannes« in dessen *Taschenbuch für Forst- und Jagdfreunde für die Jahre 1805 und 1806*, 177–179 (Lindner 11.2251.01).

9. *Abendgespräch*. JFJW I, Marburg 1806, 663.
Dieses inhaltlich gequält wirkende kleine Gedicht ist die Antwort *Diezels* auf zwanzig von *Ludwig von Wildungen* in Nr. 31 des gleichen Jahrgangs der JFJW (I, 1806, 487) vorgegebene Endreime. Ein zweiter ungenannter Verfasser versuchte sich noch wesentlich ungelenker am gleichen Logogryph unter dem Titel »Der frohe Abend nach halb gelungener Jagd« (664).

10. *An Herrn Regierungsrath Bunsen in Arolsen*.
JFJW I, Marburg 1806, 666/667.
Dieses Gedicht ist *Diezels* Antwort auf dessen vorgegebene zehn Reimpaare in JFJW I, 1806, 562, die er mit einer »Dillenburg, d. 10. Sept. 1806« abgezeichneten »Nachschrift« begleitete:
Hier, lieber Freund in Dianen! ist auch mein Pensum. Ich wünsche vorzugsweise, daß es Ihnen gefallen mag, und freue mich, Alles Uebrige abgerechnet, recht herzlich, daß es mir gelungen ist, Ihnen wenigstens ein Paar Worte für dieses Journal abzutrotzen, denn freywillig scheint es nicht, als ob Sie sich dafür interessiren wollten. Lange schon und äusserst ungern vermißte ich Ihren Nahmen in diesen Blättern, wird das kleine Gedicht, das ich Ihnen nur durch den Fehdehandschuh abgewinnen konnte, das Einzige seyn, das Sie uns gönnen? – Soll Ihr adoptirter Liebling Alles haben? Ich spreche Sie jetzt nicht blos im Scherz, sondern im ernsthaftesten Ernste um Dinte an, aber wahrhaftig! ein Tröpfchen ist mir nicht genug. Sollte sie wirklich in Arolsen so rar seyn, so hoffe ich, werden die sämmtlichen Leser dieses Journals, die gewiß eben so gern, als ich, bald mehr von Ihnen hören möchten, sich vereinigen, mich zum Chargé d'Affaires wählen, und ich bringe Ihnen dann ein ganzes Pulverfäschen voll in meinem Buchsensack.
In puncto des harten Reimes wiederhole ich das, was ich Herrn von Wildungen über denselben Gegenstand schon gesagt habe. Gesetzt auch, man hätte ihn hier und da getadelt, so wären Sie ja doch auf alle Fälle ganz unschuldig.
Und nun leben Sie wohl! Diana sey Ihnen diesen Herbst und Winter günstig, und führe bald wieder ein Paar Singschwanen in Ihre Gegend, damit Sie uns diese 2te Jagd eben so angenehm erzählen können, als die erste.
Diese letzte Bemerkung *Diezels* bezieht sich auf *Bunsens* Aufsatz »Die Schwanenjagd an der Fulda«, der in *Wildungens Taschenbuch für Forst- und Jagdfreunde für das Jahr 1805 und 1806*, 191–201 (Lindner 11.2251.01) erschienen war.

11. *Epistel. An Herrn Regierungsrath B—sen in A—n*.
JFJW I, Marburg 1806, 791/792.
Der Adressat dieses Gedichtes war der schon mehrfach angesprochene

Regierungsrat *Philipp Ludwig Bunsen* in Arolsen. Der Hinweis in Zeile 17 bezieht sich auf den römischen Dichter *Horatius Flaccus*. Mit Hirschel war der englische Astronom *Friedrich Wilhelm Herschel* (1738 bis 1822), mit Bode dessen Zeitgenosse, der Berliner Astronom *Johann Elert Bode* (1747 bis 1826), gemeint.

12. *An den Winter*. JFJW II, Stuttgart 1807, 78/79; in verbesserter Fassung erneut veröffentlicht in AFJZ II, Frankfurt 1826, 364.
Dieser Sammlung liegt der überarbeitete Text zu Grunde. Er findet sich auch bei *H. G. von Warburg, Das Waldhorn. Eine Sammlung von Jagd-Liedern und Gedichten*, Berlin 1844, 165/166 (Lindner 11.2185.01).

13. *Die Freuden des Winters*. JFJW II, Stuttgart 1807, 141–144; in völlig neuer Gestalt wieder veröffentlicht in NZFJ III, 1, Bamberg 1825, 166–169.
Der hier aufgenommene Text entspricht der zweiten, wesentlich verbesserten Fassung, mit der sich *Diezel* selbst von der ersten distanzierte. Die Erstveröffentlichung ist Herrn *Friedrichsen* zu Güstrow im Mecklenburgischen gewidmet. In ihr bezog sich *Diezel* ausdrücklich auf *Wildungens* »Lob der grünen Farbe«, ein in seiner 1804 in Leipzig erschienenen Sammlung *Lieder für Forstmänner und Jäger*, 55–58 (Lindner 11.2227.03) aufgenommenes Gedicht. In der textlich erheblich abweichenden Neufassung ist nur noch – deutlich distanziert – von *Wildungens* Werken die Rede. Dagegen wird *Bunsens* mit gleicher Herzlichkeit wie in der ursprünglichen Fassung gedacht. Ein »Die Treibjagd« betiteltes Gedicht findet sich in den von *Wildungen* herausgegebenen *Taschenbüchern* nicht. Wahrscheinlich dachte *Diezel* an *Bunsens* »Klapperjagd am Hubertustag. Eine Jagd-Idylle«, das im *Taschenbuch für Forst- und Jagdfreunde für das Jahr 1802*, 181–185 (Lindner 11.2247.01) erschienen war.

14. *Die beyden Haasen. Eine Fabel*. JFJW II, Stuttgart 1807, 329/330.

15. *Die Morgenlausche*. JFJW II, Stuttgart 1807, 412–416.

16. *Waidmännische Liebeserklärung*. JFJW II, Stuttgart 1807, 448.
Dieses Gedicht war an *Auguste P* . . . gerichtet, eine junge Frau, die zuerst mit einem »Jägerlied an einem schönen Sommerabend« im *Journal* (JFJW II, 1807, 271/272) als Dichterin hervortrat:

Wo die muntern Rehe springen
In dem dichten Buchenwald,
Tausend Vögel fröhlich singen
Ist mein Lieblingsaufenthalt.

Wo mir alle Bäume lachen,
Die ich sorgsam grade bog,
Und durch Fleiß und stetes Wachen
Mühsam aus dem Saamen zog.

Bey des Tages frühem Lichte
Eil ich schon zum jungen Schlag,

Seh dem Wuchs der Weymuthsfichte
Und der Spur des Wildes nach.

Später ruh' ich oft im Schatten
Den die hohe Eiche beut,
Wo sich Turteltauben gatten
Und Natur das Herz erfreut.

Dort wo von des Berges Spitze
Sich der Waldstrom niederstürzt
Hat ein Buch am Felsensitze
Manche Stunden mir gewürzt.

Naht sich nun der milde Abend
Schnell verfolg' ich meinen Pfad,
Wenn die Dämm'rung kühl und labend
Wald und Flur umdüstert hat.

Seh ich dann ins Thal hinunter,
Leuchtet schon der volle Mond
Auf die Heimat dort herunter,
Wo mein trautes Liebchen wohnt.

Fröhlich kehr ich jetzt zurücke
In des holden Weibes Arm,
Eil' entgegen neuem Glücke,
Immer schlägt ihr Herz so warm.

Graut der Tag, dann ruft mich wieder
Meine Pflicht zum grünen Wald,
Und am Abend zieht's mich wieder
Zu der freundlichen Gestalt.

So enteilet mir das Leben
Bald im Walde, bald bey ihr,
Kann es wohl was schöner's geben?
Lächelt nicht Diana mir?

Der Herausgeber *Hartig*, der gewußt haben muß, wer sich hinter den Buchstaben A. P. verbarg, fügte diesen Versen hinzu:

Jeder Leser wird es fühlen, daß ächtes Jägerblut in den Adern der Verfasserin schlägt, der ich im Namen des Forst- und Jagdpublikums die Hand küsse und um Fortsetzung ihrer lieblichen Beyträge zu diesem Journal bitte.

Diezel, offensichtlich in jugendlicher Leidenschaft entflammt, antwortete mit seiner *Waidmännischen Liebeserklärung*. Darauf lichtete sie ein wenig das Geheimnis mit folgendem, *Auguste P*. . . unterzeichnetem Gedicht (JFJW II, 1807, 591/592):

Lange hör ich schon aus weiter Ferne
Fremder Sänger! Deiner Muse zu,
Die Dir lächelt aus dem Kreis der Sterne,
Aus dem Land des Friedens und der Ruh.

Wer Dir gab der Dichtkunst schönen Sinn,
Weihte mich zur stillen Sängerin,
Deren Lieder aus entfernten Hallen
Anspruchslos zur fremden Gegend wallen.

Mehr am Nekkar als am schönen Rheine,
Ist mein Waldumgeb'nes Vaterland,
Auf dem Scheibenstand hat eine kleine
Weile meine wohlgeübte Hand
Ohne Furcht des Bruders Rohr gespannt,
Und nicht selten treffend losgebrannt;
Aber nie hab ich mit Pfeil und Bogen,
Wild zu tödten, einen Forst durchzogen.

Unerforschlich ist des Schicksals Wille,
Seine Fügung hat mich ungerührt
Aus Dianens Schoose in die stille
Heimat eines Laien hingeführt,
Doch, durch seine Redlichkeit beglückt,
Ward mein leiser Unmuth unterdrückt,
Konnt er gleich als *Weidmann* sich nicht freuen,
Meinen Pfad mit Rosen zu bestreuen.

So vernimm von mir aus dunkler Ferne,
Was sich Deinem scharfen Blick' entzieht,
Näh're Kunde gäb ich Dir wohl gerne,
Doch der Reime Zahl beschränkt mein Lied;
Wenn des Sinngrüns Glocken nicht mehr blühn,
Schweigen alle frohen Melodien,
Doch soll aus den Odenwaldes Hallen,
Noch mein Gruß zu Dir hinüber wallen.

Aus ihm ging hervor, daß sie »mehr am Neckar als am schönen Rhein« aufgewachsen war und dort mit dem Bruder beim Scheibenschießen gewetteifert, sich aber nicht selbst jagdlich betätigt hatte. Von einem »Laien« und »Nichtweidmann« entführt, grüßte sie nun aus dem Odenwald.

Diezel antwortete mit dem reizenden Liebesgedicht *An Auguste P.* (Nr. 18), in dem er bat, den Schleier etwas mehr zu lüften.

Ein Unbekannter, der seine gereimte Zuschrift mit H . . . abzeichnete, wohl nicht *Georg Ludwig Hartig* gewesen ist, immerhin aber *Diezel* nahegestanden haben muß, machte diesem amüsanten Spiel ein Ende, indem er deutlich werden ließ, daß die Angebetete bereits verheiratet war. Er wandte sich an diese selbst (JFJW II, 1807, 799/800) mit folgenden Worten:

An Auguste P. . . geborene v. K. . .

Soll ich reden, soll ich schweigen?
Soll ich, oder soll ich nicht?
Soll ich Freundes Bitten weichen,

Dich entdecken, die hier spricht?
Deren Sang und muntre Scherze
Längst den Jäger irrgeführt,
Daß er Unruh voll im Herzen
Stets auf falschem Wege spürt:
Glaubst du, daß im fernen Lande
Niemand kennt die Sängerin,
Deren Lied vom Nekarstrande
Süß auch tönt zur Tauber hin?
Zwar hast Du mit Pfeil und Bogen,
Zu erlegen scheues Wild,
Nie des *Vaters* Forst durchzogen,
Denn du warst zu sanft und mild:
Herrlich aber war's zu sehen,
Wie du dein geschmücktes Roß
Konntest lenken, konntest drehen,
Welcher Zauber dich umfloß:
So dacht ich mir stets Thusnelde,
Wenn an ihres Herrmanns Seite
Sie auf der Cherusker Felde
Hob Thuiskos Sohn zum Streite:
Lächelnd hat durch die Alleen
Vater rasch dich fliegen sehen,
Doch die bange Mutter spricht:
Gustel ach! erhitz dich nicht!

Im *Journal* fand die Tändelei zwischen *Auguste P* . . . und *Carl Emil Diezel* damit ihr Ende, allerdings nicht, ohne daß sich zuvor ein zweiter Verehrer der Dichterin zu Wort gemeldet hatte (JFJW III, 1808, 170/171):

An Hrn. Dzl.

Des Nekkarstromes Silberschlange windet
Sich durch ein Thal mit Anmuth ausgeschmückt,
Und sieh, von hier aus, wackrer Sänger! kündet,
Das Saitenspiel sich an, das uns entzückt.

Es ist die Aeolsharfe, deren Klänge
Die Kunst nicht, sondern die Natur erzeugt.
Die Melodie der reizenden Gesänge
Hat manches großen Dichters Schwung erreicht.

Du huldigest gleich mir dem schonen Liede,
Das ich oft selbst aus Ihrer Hand empfing;
Darum geschah's auch, daß ich mich bemühte,
Zu zeichnen treu, wohin dein Wünschen gieng.

Ein Schlößchen blickt von eines Berges Höhen
Herab ins traute waldumkränzte Thal,
Da kannst Du oft Augusten wandeln sehen,
Die Sängerinn, im goldnen Abendstrahl.

Ihr schöner Garten reich an kühlem Schatten,
Wo manches Blümchen mütterlich Sie pflegt,
Ist, wo der Nekkar und die Elz sich gatten,
Zu Poesie begeisternd angelegt.

Eil hin, dort siehst du Sie an der Cascade.
Die Leyer schmückt ein flatternd Silberband.
Sie klingt. – Bezaubert weilet die Najade,
Und lauscht Akkorden ihr noch unbekannt.

Im niederhängend Laub der Thränenweiden
Ertönt ein Lispeln hehr wie Geisterlaut.
Es ist der Genius vergangner Zeiten,
Der Ihr der Vorwelt Sagen leis vertraut.

Einst werden sie aus Ihrem Mund uns tönen,
Die Lieder von der süßen Minnezeit,
Und dankbar mit dem Lorbeer dann zu krönen
Die deutsche Sappho, sind wir All bereit.

Der Verfasser dieser Zeilen, *Julius Castelli*, schrieb zahlreiche, meist nur mit seinem Vornamen abgezeichnete Jagdgedichte. Auch *Auguste P . . .* veröffentlichte noch eine Anzahl weiterer jagdlicher Lieder in der periodisch erscheinenden Jagdliteratur ihrer Zeit. Der Nachname der Dichterin wurde bisher nicht entschlüsselt.

17. *Beym Tode meines Souri.* JFJW II, Stuttgart 1807, 716/717.

18. *An Auguste P.* JFJW II, Stuttgart 1807, 781–783. Vgl. Nr. 16.

19. *An Herrn Doktor E. in F.* JFJW III, Stuttgart 1808, 144–146.
Wem *Diezel* das geschenkte Bild des im Tellereisen gefangenen Fuchses und der ihn umstehenden Meute verdankte, ist ungewiß.

20. *Die Jahreszeiten. An Diana. Fragment aus einem noch ungedruckten Gedicht.* ZFJB III, 2, München 1815, 178–180.
Dieses Gedicht, in dem die große Veränderung deutlich wird, die sich in *Diezel* vollzogen hatte, unterschrieb der Verfasser als »königl. b. Revierförster vormals großh. würzb. Forstsekretär«.

21. *An Herrn Forstmeister Pf. . .* FJAP III, 4, Leipzig 1818, 147–149.
Diese Worte der Bewunderung und Anerkennung galten dem wegen seiner scharfen Kritiken gefürchteten, zugleich aber wegen seiner Sachkenntnis geschätzten Professor und späteren ersten Direktor der kgl. preußischen Höheren Forstlehranstalt Eberswalde *Friedrich Wilhelm Leopold Pfeil* (1783 bis 1859), um dessen Wohlwollen sich *Diezel* wahrscheinlich bemühte. Der stets etwas bissige oder sauertöpfische *Pfeil* antwortete mit einem langen Gedicht (FJAP IV, 2, Leipzig 1819, 167–171), das hier um des Verständnisses willen nicht fehlen darf. In ihm beschreibt *Pfeil* die Mühen und den Ärger, die mit seinem Amt verbunden waren:

Epistel an Herrn C. E. Diezel

Fürwahr, mein Freund! glich' alles Deinem Bilde,
Was Du so freundlich Dir von mir gedacht;
Hätt' mich das Schicksal gnädig mit der Milde,
Wie Du geträumt, vor Allen angelacht –
Und hätt' ein Gott poetische Gebilde,
Die Du erschufst, zur Wirklichkeit gemacht,
So wär' ich wahrlich höchlich zu beneiden!
Zwar hadern kann dem Leben ich wohl nicht;
Doch soll das Süße ich vom Sauern scheiden,
Die Stunden zählen, wo die Lust gebricht,
Die Wirklichkeit vom schönen Schein entkleiden,
Sehn, was die Dornen in den Kranz mir flicht –
Könnt' ich mir wohl zuweilen es verleiden!
Du schilderst zaubrisch süße Morgenfreuden,
Erwartend nur des Tages erstes Licht –
Und ach! Sieh mich die Stunden hier vergeuden,
Zu schreiben an ein zögerndes Gericht!
Zum Aktenlesen ward mir das Gesicht,
Nur um der Dämmrung ersten Strahl zu deuten,
Der aus der Themis dunkeln Hallen bricht,
Den längst die Frevler schon so ängstlich scheuten!
Du siehst zum engen Klippenpfad mich schreiten,
Belastet mit des Feuerrohrs Gewicht –
Vergieb! Mit allen diesen Herrlichkeiten
Ist es schon lange, lange bei mir Schicht.
In tiefem Sande muß ich mich ergehen,
Und öden Blößen wandr' ich seufzend zu,
Den großen Raupenfraß soll ich besetzen –
Freund! – Hier! hier drückt gar schmerzlich mich der Schuh!
Rett' ich mich zu der Fichte süßem Wehen,
Läßt mir der Bauern Schaar dort keine Ruh;
Seh'n sie nur einen schönen Stamm noch stehen,
Verlangen sie ihn pochend auch im Nu!
Vor Schmerz und Wehmut möcht' ich fast vergehen,
Muß ich umsonst mein Fleh'n, mein Zürnen sehen*,
Hier gibt es keine schönen Klippenhöhen
Und keine Thäler, wo das Wild sich steckt,
Nur höchstens kahle dürre Windeswehen!
Mag ich Dein Bild von allen Seiten drehen,
Find' ich doch nur, daß es mich spottend neckt,
Die schönen Jugendträume höchstens weckt,
Die gläubig hoffend ich einst sah entstehen.
Mit Roß und Wagen ist der Forst bedeckt,
Mit Räubern, die an seinem Marke zehren,

* *Mehr als tausend Gehöften muß der Verf. freies Bauholz ausweisen.*

Wo nur nach Raub die Hand ein jeder reckt!
Wenn ich auch denke, daß ein Rehbock schreckt,
Muß ich die Aeste krachend brechen,
Und eilen, um zu retten und zu wehren!
Wem da die Waldluft, wie Du denkst, noch schmeckt,
Dem wird wohl nichts des Lebens Freuden stören!
Nein! lieber möchte man den Forst verschwören,
Wo man nichts kann, als Diebe nur verhören,
Der nichts als Sorg' und Kummer nur noch heckt!
Seh' ich voll Hoffnung nach den Frühlingssaaten,
So fängt auch bald ein neuer Kummer an.
Ach Freund! wo denkst Du hin? Mir ganz mißrathen
Ließ sie voll Zorn der ungetreue Pan.
Hier sieh die Frucht von meinen Wunderthaten –
Was für die ferne Zukunft ich gethan –
Die Oede, die ich nicht bezwingen kann!
Was ja noch dürftig wuchs, nun das zertraten
Des Wildes Rudel, die sich gierig nahten.
Bin ich nun noch ein neidenswerther Mann?
Wenn, Tag und Nacht gequält, ich sorgend sann,
Nicht wußte mir zu helfen und zu rathen, –
Denkst Du, daß ich ein Paradies gewann?
Will ich vergessen nun auch alle Sorgen
Und von Dianen Freuden endlich borgen,
So lieg' ich auch wohl hier noch unter'm Bann.
O! höre, wie das Bild von *Deinem* Morgen
An *meiner* grausen Wirklichkeit zerrann,
Wie mich ein teuflisches Gespinst umspann!
Bald seh' das sichre Wild ich plötzlich fliehen,
Als hätt' ein Popanz heimlich es gescheucht;
Bald seh' die Sonne blendend ich erglühen,
Wenn mir es endlich nunmehr schußrecht däucht;
Bald muß es hinter einem Baume ziehen,
Wenn es mein ängstlich scheuer Tritt beschleicht;
Bald spottet es der angestrengten Mühen,
Da auf der Blöße mich sein Blick erreicht;
Bald kann die Freude mir nicht erst erblühen,
Weil hier der Fuß an eine Wurzel streicht;
Bald muß ich stundenlang vergeblich knieen
Und doch wird noch Diana nicht erweicht!
Doch endlich! endlich! – Sieh die Funken sprühen –
Ach Himmel! einem nassen Sprühmann' gleicht
Der Schuß in diesen feuchten Nebelfrühen! –
Du weißt, entschuldigt ist der Jäger leicht,
Drum sei, was ich verschweige, mir verziehen!
– Wenn sich das Schicksal nur nicht tückischer gezeigt –
Wenn and're Jägerfrevel nur nicht schrieen – –
Was hilft es! Nur heraus und rasch gebeicht't!

Von ferne seh' den Hirsch ich ruhig äsen,
Er zieht zum sichern Dickigte schon hin,
Ich schleiche nach — hier ist er jetzt gewesen —
Horch! Still, es knackt! — Wie nah' ich ihm schon bin!
Von allem Kummer bin ich schon genesen,
Und alle Adern schwellt der Jägersinn!
Jetzt zieht er in den Busch! Verdammter Besen!
Da steht er lauschend nun darin!
Triumph! jetzt tritt er zögernd in die Lücke,
Ich seh' das rothe Blatt, und sicher drücke
Ich jetzt! Er stürzt! Er stöhnt! und jauchzend zücke
Den Gnickfang ich! Ich springe hin! — Zurücke
Beb' ich! Was ist's? — O Gott! war ich das werth? —
Es ist ein altes angebundnes räud'ges Pferd!!
Genug, mein Freund! — Ich habe Dir berichtet
Und treu gestanden, was mir widerfuhr!
Du staunst? — Du zweifelst? — glaubst, es sei erdichtet? —
O frag' umher die harten Spötter nur
Sie haben längst schon lachend mich gerichtet!
Wenn ich auch zehn Mal voll Verzweiflung schwur,
Daß ich auf einen Hirsch schon längst verzichtet,
Daß ich zu dieser radikalen Kur
Des kranken Thiers freiwillig mich verpflichtet,
So ist durch meines tiefen Mißmuths Spur
Doch jeder Zweifel wieder bald vernichtet. —
Hab' ich vor allem Unglück mich geflüchtet
In meines Hauses ruhiges Asyl
Und die Erinnerung von Gram gesichtet;
Freu' ich mich auf der Kinder fröhlich Spiel,
Empfängt mich auch der Hunde froh Gewühl; —
Was find ich da? Papiere hoch geschichtet,
Ein fordernd drängend Heer, das nichts beschwichtet;
Und statt, daß ich erreicht der Ruhe Ziel,
Find' ich der Freude wenig und der Arbeit viel!
Wenn auch zuweilen sich der Himmel lichtet,
Ein Händedruck mir giebt ein froh Gefühl:
Bald wird, wie Du wohl siehst, mir immer wieder schwül.
Doch, Freund! wirst Du auch mich nicht mehr beneiden
Um alle diese, schönen tausend Freuden,
So laß mir wenigstens die treue Hand,
Daß, wenn nicht *Freuden*, ich doch *Freunde* fand!

22. *Der Wolf und der Hund. Eine Fabel.* FJAP III, 4, Leipzig 1818, 150—152.

23. *Des Jägers Morgenlied.* FJAP IV, 3, Leipzig 1819, 149/150.

24. *Apologie der Papierpfropfen.* FJAP V, 3, Leipzig 1820, 117—120. *Diezels* Fußnote bezieht sich auf die Äußerung *Wildungens* in dessen *Taschenbuch für Forst- und Jagdfreunde für die Jahre 1805 und 1806*, 177—179 (Lindner 11.2251.01).

25. *Der Abendanstand (Eine Jägeridylle).* FJAP V, 4, Leipzig 1820, 129–136; in sprachlich verbesserter Fassung wieder abgedruckt in AFJZ II, Frankfurt/M. 1826, 214–216.
Die vorliegende Wiedergabe entspricht der jüngeren Version. In der ursprünglichen Fassung stehen am Anfang der 5. Strophe statt des späteren »Mein guter Adolph« die Worte »Herr Adolph Irwald«. *Diezel* bezog sich mit diesem Namen auf eine von dem gleichfalls als Jagddichter hervorgetretenen *Wilhelm Friedrich von der Borch* geschaffene literarische Figur, die im JFJW I, 1806, Nr. 48–52 unter dem Titel »Johann Adolph Irrwald's Lehrjahre. Belehrend für Forstmänner und für solche die es zu seyn glauben« vorgestellt worden war. 1828 veröffentlichte *v. d. Borch* unter dem gleichen Titel seine Arbeit erneut als »satyrische Schrift« in Buchform.

26. *Die Entenjagd.* FJAP V, 4, Leipzig 1820, 137–144.
Bei der von *Diezel* erwähnten Rohrdrossel handelt es sich um den Drosselrohrsänger *(Acrocephalus arundinaceus).*

27. *Alter Waidspruch.* Fragmente für Jagdliebhaber II, Leipzig 1823, 157/158 (Lindner 11.0509.02); wieder abgedruckt in NZFJ I, 4, Bamberg 1824, 94.
Mit diesen Versen schloß *Diezel* den für die Gestalt seiner zukünftigen Arbeiten richtungweisenden Aufsatz »Anweisung zum Betriebe der Entenjagd« (85 ff.) ab. Sie finden sich wieder am Schluß des daran orientierten Kapitels in seinen *Erfahrungen aus dem Gebiete der Niederjagd*, Offenbach/M. 1849, 290 (Lindner 11.0513.01) bzw. 2. Aufl. Gotha 1856, I, 346 (Lindner 11.0513.02).

28. *Hörnergruß.* Fragmente für Jagdliebhaber II, Leipzig 1823, 204.
Das kleine, niemals selbständig gedruckte Gedicht ist Bestandteil von *Diezels* Aufsatz »Welche Jagd ist die angenehmste?« (174 ff.).

29. *Reiz der Schnepfenjagd.* Fragmente für Jagdliebhaber II, Leipzig 1823, 212.
Dieser Vierzeiler gehört zum gleichen Aufsatz wie das vorhergehende Gedicht.

30. *Was gleicht wohl auf Erden dem Jägervergnügen?* Fragmente für Jagdliebhaber II, Leipzig 1823, 233.
Mit diesen Versen beschloß *Diezel* seine Ausführungen zum Thema »Welche Jagd ist die angenehmste?« (S. Nr. 28 und 29).

31. *Epistel an den Präsidenten des Großherzogl. hessischen Oberforst-Collegiums, Herrn v. Klipstein zu Darmstadt, zum Andenken an dessen fünfzigjähriges Dienst-Jubiläum.* AFJZ NF XII (XV), 1846, 423.
Mit der im Gedicht und in *Diezels* eigener Fußnote erwähnten Supplik der Hasen sind *Diezels* in jungen Jahren geschriebene Verse (Nr. 2) gemeint.

32. *Erfahrungen.*
Diezel ließ den einzelnen Kapiteln in seinen *Erfahrungen aus dem Gebiete der Niederjagd* jeweils einige Verse vorangehen, die teils von ihm, teils von anderen Dichtern wie *Goethe*, *Schiller*, *Wildungen*, *Bunsen* u. a. stammen. Die eigenen sind hier sachlich geordnet unter dem Stichwort *Erfahrungen* zusammengefaßt. Der Vierzeiler *Entenjagd* findet sich in der ersten Auflage Offenbach a. M. 1849, 240; das kleine Gedicht auf Wildgänse erscheint erst am Anfang eines neu hinzugekommenen Artikels in der zweiten Auflage Gotha 1856, II, 262. Der Vorspruch auf die Bekassine wurde der ersten Auflage 1849, 357 entnommen. Der ebenda 291 der Feldhühnerjagd beigegebene Zweizeiler scheint *Diezel* nicht recht gefallen zu haben, so daß er ihn in der zweiten Auflage 1856, I, 347 durch jenen Vierzeiler ablöste, dessen letzte Verse weite Verbreitung fanden, da *Walter Frevert* sie zum Titel einer seiner mehrfach aufgelegten Veröffentlichungen machte. Ähnlich verfuhr *Diezel* beim Thema Fuchsjagd. Die erste, in der Tat nicht sehr ansprechende Fassung (1849, 470) ersetzte er im Anschluß an ein *Goethe*-Wort aus Reineke Fuchs durch einen eigenen Sinnspruch (1856, II, 122), aus dem der ganze grimme Zorn spricht, mit dem *Diezel* zeit seines Lebens den »Räuber« verfolgte.

33. *Zu der Resignation eines alten Waidmannes. Eine Art von Selbstgespräch in oberbayerischer Mundart.* AFJZ NF XIX (XXII), 1853, 40.
Mit diesem Gedicht schloß *Diezel* ein Zwiegespräch zwischen ihm und dem k. bayr. Revierförster *Schaller* ab (AFJZ NF XVII (XX) 432/433; AFJZ NF XVIII (XXI), 162–164; AFJZ NF XVIII (XXI), 315), in dem *Schaller* als Ausgleich für die verloren gegangene Jagd die verstärkte Beschäftigung mit der Botanik, *Diezel* mehr Interesse für die Insektenwelt empfahl. Beide Vorschläge klingen in diesen Versen an. *Diezel* schuf sein Gedicht in Anlehnung an die in oberbairischer Mundart verfaßten Lieder *Franz von Kobells*.

34. *Erwiderung.* AFJZ NF XXXIII, 1857, 500.
Dieses letzte Gedicht *Diezels* trägt den Charakter eines Abschieds von der Welt. Der sich hinter den Buchstaben W. v. H. verbergende Verfasser schrieb für die AFJZ NF XXXIII, 1857, 499 ein 21 Strophen langes Gedicht, dem er den Titel »Fingal, der treue Diener, an C.E.D. als Erinnerung an die vormärzlichen Zeiten und als Neujahrsgruß übersendet« gab. *Diezel* muß es durch die Redaktion erhalten und sofort mit seiner *Erwiderung* beantwortet haben, so daß beide Texte zusammen zum Jahreswechsel erscheinen konnten. Der Zuspruch an *Diezel* hat folgenden Wortlaut.

Der treue Diener

1. Wer schreitet über die Fluren bleich
Einher am gepuderten Wald?
Der Jäger ist's, der sein Königreich
Durchzieht in der Frühe so bald.

2. Wer ist sein flüchtiger Adjutant?
Wer führet den Willen ihm aus?
Der *Fingal*, so weise, so voll Verstand,
Und Tugend, im Feld und zu Haus.

3. Wer glaubt sich so sicher im dichten Busch,
Wen halten die Dornen versteckt?
's ist Meister Lampe, doch husch, husch, husch!
Da hat ihn der *Fingal* entdeckt.

4. Heraus, heraus aus dem Hinterhalt,
Mach' dich nur zum Sterben bereit!
So tönet des Waidmannes Ruf alsbald,
Und's Häslein entflieht durch die Haid'.

5. Wer schreitet über die Felder bleich,
Wer spüret so emsig am Wald?
Der Jäger ist es, an Zweifeln reich
Sein Schuß in den Schluchten noch schallt.

6. Wo bleibst du, *Fingal*, mein Adjutant?
Nimm rascher die Fährte mir auf!
So ruft und winket er mit der Hand,
Und *Fingal* beginnt seinen Lauf.

7. Wer horcht nun über die Felder bleich
Weit in den gepuderten Wald?
Der Jäger ist es, an Hoffnung reich,
Seit *Fingal's* Parol' ihm erschallt.

8. Wer naht dort über die Felder bleich
So freudigen Schritt's aus dem Wald?
Der *Fingal* ist es, an Beute reich,
Trägt über die Haide sie bald.

9. Komm', *Fingal*, gib mir das Häslein her,
Als Lohn genügt dir die That.
So spricht der Jäger, und sein Gewehr
Bald wieder geladen er hat.

10. Der *Fingal* nimmt diese Zahlung hin,
Und lagert sich still in den Schnee.
Das Häslein, denkt er in seinem Sinn,
Liegt lange mir gut in der Näh'.

11. Wer scheint gewonnen ein Königreich
Zu haben in Jubel und Freud'?
Der *Fingal* ist's, durch die Felder bleich
Auf's Neue zu streifen bereit.

12. Langsam der Jäger das Mordgewehr
Nimmt unter den kräftigen Arm,
Und schreitet hinter dem *Fingal* her,
Als mache das Häslein ihm warm.

13. Was will der *Fingal?* Er steht und sinnt,
Und richtet den Kopf in die Höh'.

Er scheint zu fragen: Woher der Wind?
Und spüret dann wieder im Schnee.

14. Gemach der *Fingal* die Schritte lenkt
Die schneeigen Felder entlang;
Der Waidmann zürnt, doch sein Diener denkt,
Mir ist vor der Strafe nicht bang.

15. Wenn wieder einmal ich Jüngling bin,
Dann such' ich in rascherem Lauf;
So denkt der *Fingal* in seinem Sinn,
Und sparet die Kräfte sich auf.

16. Der treue Diener hat sein Genie,
Das über die Schulen ihn setzt;
So denkt sein Gebieter, und spart die Müh',
Den *Fingal* zu bessern noch jetzt.

17. Wer kommt dort über die Felder zurück
Voll Aerger und voller Verdruß,
Mit vorwurfsvollem und finst'rem Blick?
Der Waidmann versteht diesen Gruß!

18. Der *Fingal* ist es mit strengem Ernst,
Der lieber aus Ungeduld stirbt,
Als daß du nur einmal ihn kennen lernst
Als den, der die Jagd dir verdirbt.

19. Drum stampfe nicht zornig den Schnee so bleich
Mit deinem erkalteten Fuß,
Du, Jäger, bist's, der in's Nachbarreich
Nachschickte den Hühnern den Gruß.

20. Was suchst du, *Fingal*, bald hier, bald dort,
Was kreisest so weit du herum?
Die Kett' strich über die Grenze fort,
Das Pulver war diesesmal krumm.

21. Solch' Wort der *Fingal* nicht gern vernimmt;
Er lagert sich still in den Schnee;
»Dem Jäger stets ist mein Dienst bestimmt,«
»Auch wenn ich betrogen mich seh'.«

Fingal war einer der von *Diezel* abgerichteten großartigen Jagdhunde und wie Souri (Nr. 17) einer seiner Lieblinge.

Glossar

Die erste Ziffer nach dem links stehenden Begriff nennt die Nummer des Gedichts, die zweite die Zeile

Bache 5, 13	weibliches Wildschwein vom Beginn des dritten Lebensjahres an
Blässen 26, 88	Bläßhuhn *(Fulica atra)*
Brüche 25, 161	Bruch = abgebrochener grüner Zweig als jagdliches Hinweis- oder Anerkennungszeichen
Chasseur 13, 49	hier Name eines Jagdhundes
Frischling 5, 19	junges Wildschwein beiderlei Geschlechts bis zur Vollendung des ersten Lebensjahres
Hede 24, 68	Hanf oder Flachs, Werg
Keiler 5, 8	männliches Wildschwein vom dritten Lebensjahr an
Königsweihe 23, 35	Roter Milan *(Milvus milvus)*
Petri 3, 5	Petri Stuhlfeier, 22. Februar
Pfanne 9, 3; 26, 53	äußerer Teil des Gewehrschlosses, auf den das Zündpulver geschüttet wurde
pudeln 13, 45; 15, 45	vorbeischießen
Rüttelweihe 23, 3	Turmfalke *(Falco tinnunculus)*
schrecken 23, 25	(vom Reh) einen bellenden Laut ausstoßen
Stände 26, 69; 26, 82	Beine des Fischreihers *(Ardea cinerea)*
Stößer 13, 64	Habicht *(Accipiter gentilis)*
Teschink 13, 79	kleinkalibrige Büchse; *Diezel* erklärt das Wort in der Erstfassung von Nr. 13 durch eine Fußnote als Auerhahnbüchse
Trappe 9, 9	Großtrappe *(Otis tarda)*
Weidmann setzen, einen 13, 46	jemanden so verhexen, daß er beim Schuß jedes Wild verfehlt oder daß das von ihm getroffene Wild nicht zu Tode kommt
Ziegenmelker 25, 77	*Caprimulcus europaeus*
Zündkraut 3, 76	das in die Zündpfanne gefüllte Pulver
Zwilling 3, 67; 3, 91; 32 a, 3	doppelläufige Flinte

Wo *Diezel* glaubte, einzelne in seinen Gedichten verwendete Wörter der Jägersprache erläutern zu müssen, sind seine Erklärungen aufrechterhalten worden. Die vorstehende Liste ist als Ergänzung für Nichtjäger gedacht.

Inhalt

Gedichte